体育教学理论与实践创新研究

丁晨光　李维华　著

西北工業大學出版社

西　安

【内容简介】 本书共分为七章，主要内容有体育教学论及其发展演变、体育教学主体要素的分析、学习心理与学生要素分析、体育教学中的主要因素分析、体育教学中的个性问题及因材施教、课程模式与网络课程的开发以及体育教学的安全防护等。

本书既可作为高等院校体育专业教师教学参考用书，也可作为体育专业相关从业人员岗位培训的指导书。

图书在版编目（CIP）数据

体育教学理论与实践创新研究 / 丁晨光，李维华著.
—西安：西北工业大学出版社，2018.6（2025.1重印）
ISBN 978-7-5612-6045-6

Ⅰ.①体 … Ⅱ.①丁 … ②李 … Ⅲ. ①体育教学一教学研究一高等学校 Ⅳ. ①G807.4

中国版本图书馆 CIP 数据核字(2018)第 130882 号

TIYU JIAOXUE LILUN YU SHIJIAN CHUANGXIN YANJIU
体育教学理论与实践创新研究
策划编辑：雷　鹏
责任编辑：翟文乐

出版发行：西北工业大学出版社
通信地址：西安市友谊西路 127 号　　**邮编：**710072
电　　话：（029）88493844　88491757
网　　址：www.nwpup.com
印 刷 者：三河市天功达印刷有限公司
开　　本：710 mm×1 000 mm　　1/16
印　　张：13
字　　数：197 千字
版　　次：2018 年 6 月第 1 版　　2025 年 1月第 2 次印刷
定　　价：42.00 元

前　言

习近平总书记在党的十九大报告中指出："广泛开展全民健身活动，加快推进体育强国建设。"这是决胜全面建成小康社会、夺取新时代中国特色社会主义伟大胜利的重要工程，是实现中华民族伟大复兴中国梦的艰巨而光荣的使命。国家的发展离不开教育的发展，体育强国的建设离不开体育教育的创新与发展。

根据近年来的调查显示，青少年的身体素质在逐年下降，甚至有的高校体检合格率不超过 60%，不少大学生甚至都跑不下一个完整的 1 000 米。另外，当今中国男性的平均身高仅为 169 厘米，排在世界第 32 位，开始落后于像日本、韩国这些亚洲国家。而造成这些现象的原因之一，就是因为体育锻炼的缺乏。在我国的教育体系中，不少人认为体育课无关紧要，只不过是跑跑跳跳而已，事实绝非如此。体育教学最根本的目的是锻炼学生的身体素质，培养他们对运动的热情和兴趣。在教学中，不少学生的身体素质较差，经常感冒发烧，这就是缺乏运动非常典型的表现。而体育教学可以很大程度地改善这一情况。适当的体育锻炼，可以增强学生的体质，提高免疫力；可以让学生更好的投入到学习和生活当中。这也是笔者撰写本书的意图，希望能够通过体育教育的创新与变化，提高青少年参与体育运动的热情，为我国青少年身体素质的提升尽一份力量。

本书共分七章对体育理论教学进行了分析与研究，第一章为体育教学论及其发展演变；第二章是体育教学主体要素的分析；第三章是学习心理与学生要素分析；第四章是体育教学中的主要因素分析；第五章是体育教学中的个性问题及因材施教；第六章是课程模式与网络课程的开发；第七章是体育教学的安全防护。

在撰写过程中，本书力求做到以下两点：

(1) 理论性和应用性相结合。本书注重理论知识体系的完整性、逻辑性；此外，本书力求理论与实践相结合，对实践具有一定的指导意义。

(2) 内容新颖、形式活泼易读。在撰写体例上，要求每章尽可能多地联系实际，并综合运用不同的方式对研究的内容进行阐述，提高内容的可读性。

本书是一本实用型的体育教学理论研究著作，在创作上力求做到视野更广阔、见解更独到、视角更新颖。本书凝聚了笔者心血和精力，但由于水平有限，疏漏之处在所难免。对此，希望广大读者和同行专家批评指正。

作　者

2018 年 3 月

目　　录

第一章　体育教学论及其发展演变

第一节　教学与教学系统的认识

一、教学及其意义

教学设计是学习理论与教学实践之间的联系科学。因为教学设计的首要意图是规定最佳的教学方案，作为一种知识实体，旨在达到预期教学效果最优化的教学行为。因此，教学设计主要是关于提出最优教学方法处方的一门科学，是为如何更好地帮助人的学习与发展提供清晰指南的一种理论。

“教学”是教学设计研究的前提性的基本概念。教学活动是由教师的教和学生的学所构成的一种复杂的现象。现在学校教育意义上的“教学”可以理解为，教学就是以课程内容为中介，学生在教师的指导下共同开展的学习活动。在这个活动中，学生通过自己积极主动的努力，掌握一定的知识技能，并促进自己身心健康发展，同时形成良好的思想品德修养。

教学活动是学校实现其教育目的和培养目标的基本途径。因此教学活动在学校教育的各项工作中有着重要的意义。学校教学活动的重要意义是由教学在学校各项工作中所处的地位，以及它在人类社会的发展和学习者个体发展过程中所起的作用决定的。

首先，学校教学活动是实现人类总体认识和个体认识之间有效联系的重要纽带，学校在教学活动过程中通过多门课程使学生获得系统性的知识，是人类长期积累的总体认识的成果。这些成果是人类长期以来在探索世界过程中智慧的结晶，通过教育与教学的加工凝结成为我们教学中的知识；同时，学生的学习过程又是向自己的智慧挑战的过程，学生通过充分调动自己的智慧，发挥自己的个性特长和潜在的能力，理解、掌握和运用知识，在长期的学习过程中，学生个体性的认识逐渐有效地汇聚成为人类的总体认识。因此可以说，学校教学活动是有效实现人类总体认识和个体认识之间联系的重要纽带。

其次，教学活动是学生在学校教育过程中健康发展的重要保证。学生在现代学校的教学活动中学习和掌握系统性知识的过程，对学生个体发展的影响是直接而具体的，并在其个性发展的各个方面和各个阶段都有着鲜明的表现。学校教学活动作为促进学生健康全面发展的基本途径，它能够使学生的认识活动突破时间和空间以及个体直接经验的局限性，使学生可以集中精力在有限的时间内比较顺利地获得和掌握人类长期积累的大量的知识技能；同时，学校教学活动可以使学生的思想道德修养和世界观的形成建立在科学知识的获得过程之中，养成学生良好的道德情操和意志品质。

二、教学系统的科学认识

我们这里所说的“系统”是指由若干个相互作用、相互依存、相互影响和相互制约的成分或因素，为达到一定的目的或目标而组成的有机整体。教学系统简单说就是为了实现教学目标而组成的一个教学活动的运行系统。教学系统是学校教育系统中的一个子系统。学校教学系统中最基本的构成要素包括教师、学生、教材、教学媒体四方面。教学系统各个要素相互作用与相互影响的复杂的运行活动，构成了我们所说的教学过程。教师和学生均为教学活动中的人员要素，他们也是教学活动的主体性要素。教师是教学活动中教的活动的主体，学生是教学活动中学的活动的主体，因此他们也是教学活动中最为活跃的因素。教学过程中影响教师和学生主体性发挥的主要因素有教与学等。

教材是教师和学生共同开展教学活动的依据性材料，是教学过程的最主要的媒介。它包括文字教材(如教科书、图表、教学参考书等)和视听教材。

教学媒体是教学活动的物质和条件性要素，它包括教学所需要的物质设备、技术与手段等有关的物质和条件性教学资源。

上述教师、学生、教材、教学媒体 4 个方面的要素所构成的教学系统是由教师和学生共同参与的人工系统，是一个动态的运行系统。教学系统在其运行过程中，有着比较明确的目的性(即教学系统的运行应该始终围绕着比较明确具体的目的来展开和运行)；可控性(即课堂教学活动具有相对闭合的特点，可以通过反馈调节等手段对系统加以控制)；适应性(即教学系统活动的设计与运行不是一成不变的固化过程，而是因人、因地、因时体现出可变性与灵活性)特点。

第二节　我国体育教学的定位及其历史演变

一、我国体育教学的定位分析

(一) 体育教学论的学科性质

学科性质是学术的分类特质。指一定的科学领域或一门科学分支的特质[①]。对一门学科性质的认定，关系到其在科学领域的归属和分类等许多重要问题。体育教学论的学科性质问题，是这门学科得以确定的基本问题，体育教学论之所以能够独立于其他学科而存在，就是由其特有的性质决定的。那么，体育教学论的学科性质是什么呢？

按照目前体育教学论已有的科研成果及社会科学对学科性质整体归类，我们把学科的性质分为三类：理论科学、应用科学、理论兼应用科学。当然，我们对体育教学论的学科性质的界定还不能简单地套用上述三类。因为，对学科性质的界定还必须综合考虑这门学科的相关特点、甚至相关的概念；同时还受其他相关学科性质的影响。

体育教学论是分科教学论的组成部分，因此体育教学论的学科性质首先受教学论学科性质的影响。而人们对教学论学科性质的研究存在一定分歧，处在不断演变之中。17 世纪夸美纽斯在《大教学论》中就指出：“寻找一种教学方法，使

[①] 鞠峰.体育社会科学新学科形成的基本要素[J].科技促进发展，2007，(37)：19.

得羹虽可以少教，但是学生可以多学。”他主要关注的是研究教育、教学的技巧、操作方法和策略等。这种教学研究的观点，长期以来得到西方学者们的赞同。持有这种炙点的人，侧重于把教学论定位到研究具体的教学操作方法和技术的学科。而苏联和东欧国家的教学论学者则持不同的观点，如，苏联学者达尼洛夫、叶希波夫在所著的《教学论》中指出：“教学论是教与学的一部分。”它阐述教育和教学的理论；它研究的问题是学校教育的任务和内容，学生掌握知识、技能和技巧的过程；教学原则、方法和组织形式。他们认为教学论研究的是教学的一般规律，因此他们倾向于把教学论定位于研究教学一般规律的理论学科。

我国部分学者也对体育教学论的学科性质做了思辨性研究。如，张学忠、毛振明指出：“体育教学论是集理论性和应用性于一体的综合性学科。前者说明体育教学论是研究体育教学现象、特征、本质和规律等基本问题，不断提高体育教学基础理论的科学性和系统性，含有理论性学科的特征；后者说明体育教学论研究的基本理论要运用体育教学实践，从而指导和服务于教学实践，含有应用性学科的特征。因此，具有综合性学科的特征。”②还有学者认为，体育教学论属于应用理论研究，其研究的根本途径在于通过研究体育教学活动和现象，揭示体育教学客观规律；通过建立具体而系统的体育教学范畴和理论体系，说明和解决体育教学活动的关系和课题，并运用到体育教学实践中去。③

体育教学论作为教学论的分科教学论，它的学科性质要在综合教学论的认识基础之上，并且结合体育学科自身的特点，概括出体育教学论的学科性质。体育教学论不仅要有体育教学理论知识的教学，而且还要把这种理论应用到实践教学。因此，体育教学论既要根据体育教学实践发展的需要，总结出各种类型的具体教学模式、教学策略、教学设计方法、技术等，还要在这些实践中总结、概括出普遍的规律，以便更好地指导理论教学。因此，本书最终把体育教学论定位精要概括为：实践性很强的理论型应用学科。

---

② 张学忠，毛振明.体育教学论的概念、性质、对象和任务的研究[J].成都体育学院学报，2005，31(4) ：108.

③ 张志勇.体育教学论[M].北京：科学出版社，2005：17.

(二) 体育教学论的研究对象

任何一个学科的发展都应有个核心领域，也就是说，都有其特定的研究对象。特定的研究对象是——H 学科产生和存在的客观依据。因此，明确体育教学论的研究对象，是实现体育教学论科学化的首要问题，对体育教学论的学科建设与发展具有十分重要的意义。那么，体育教学论的研究对象是什么呢？究竟如何确定体育教学论的研究对象呢？

针对上述问题，作者认为，确立体育教学论的研究对象我们必须把握以下几个方面：一是体育教学论所确定的研究对象是客观存在的，但这并不是说体育教学领域中所有客观存在的都是体育教学论研究对象；二是要区分体育教学论概念的内涵与体育教学论的研究对象。体育教学论的定义是揭示体育教学论这个概念所反映的对象的本质属性，体育教学论的研究对象是指体育教学论要研究什么；三是要区分体育教学论的研究对象与研究任务。体育教学论是研究体育教学一般规律的科学，并不等于体育教学论的研究对象就是教学规律；四是体育教学论研究对象是由它所要解决的特殊矛盾的任务决定的。要界定体育教学论的研究对象，就要弄清体育教学论所要解决的特殊矛盾是什么。体育教学论之所以区别于其他学科，就是它是研究教与学的矛盾。因此，要抓住教与学这一本质的联系，也就抓住了教学研究的根本；五是要区分体育教学论研究的客体与研究对象。体育教学论研究的客体是整体的体育教学活动，我们不能把研究的客体纯粹地等同于研究对象，因为，体育教学活动这一客体是学校体育教学活动所指向的对象。

根据上述分析，我们再来看目前已有的科研成果中对体育教学论研究对象的界定。我国学者在这方面形成了不同的看法，归纳起来可以分为两类：一类是把体育教学论的研究对象界定为体育教学的一般规律。樊临虎在其《体育教学论》里认为：“体育教学论的研究对象是探索体育教学本质与规律，寻求最优化的教学途径与方法用于体育教学实践，提高体育教学质量。”另一类是把体育教学论的研究对象界定为各种具体的教学变量和教学要素。张学忠、毛振明认为，“体育教学论研究的对象是体育教学问题”[④]等。

从以上对体育教学论研究对象的相关研究成果来看，把体育教学规律变成体育教学论的研究对象；把体育教学论研究对象归结到体育教学活动中的问题；离开教与学的问题来谈体育教学论研究对象；笼统地把体育教学论的研究对象指向体育教学论的概念等等说法都是有失偏颇。因为体育教学论的研究对象是指要研究什么的问题。把体育教学论的研究对象说成是体育教学论的规律，这就把体育教学论研究对象与任务混淆了。

根据以上论述，本书认为，体育教学论的研究对象是从体育教学中所要解决的特殊矛盾、体育教学的任务及教与学的问题出发来研究体育教学活动中所面临和所要解决的问题。

（三）体育教学论研究的基本范畴

对于一个学科来说，基本范畴无疑是这个学科最基本的问题。诸如一个学科的基本属性、研究对象、研究方法等都可以算作是这个学科的基本范畴。由于体育教学是一个复杂教育现象的统一体，因此，我们想弄清楚体育教学论的研究范畴，也要从多方面来考虑：首先，我们从前文的论述中得知，从体育教学论的学科性质来看，体育教学论是一门实践性很强的理论型应用学科。诚然，体育教学论不仅要研究体育教学的一般规律，还要研究这些规律在教学实践中的应用，这都是体育教学论的研究范畴，当然还包括体育教学论这门学科的基本属性、研究对象、研究方法等。再者，我们从体育教学系统来考虑，构成教学系统的要素包括教师、学生、教材、教学手段、教学目的等，并且每个要素都在教学系统中发挥着独特的作用。其中，每个要素都是体育教学论研究范畴的构成体。

本书认为，要弄清楚体育教学论的研究范畴，不能从这些表面来看，我们要通过这些表面现象看到实质。体育教学论的真正研究范畴，应该是：能适用于任何体育教学活动；能保持相对的稳定性；能重复操作而保持相似结果的存在；具

④ 张学忠，毛振明.体育教学论的概念、性质、对象和任务的研究[J].成都体育学院学报，2005，31(4)：108.

有矛盾的辩证统一性，以保证在范畴本身矛盾运动中揭示各种关系，形成理论体系；要具有结构性，在范畴因素之间构成一个有机体，并能进一步具体的演绎，形成完整体育教学论体系。要达到这样的要求，我们要先弄清楚，体育教学要面对的矛盾统一体。体育理论与技术最终要被学生所认识，因此，学生是认识与发展的主体，被认识的体育理论与技术是客体，而教师、教学环境等只是促进认识的媒介。主体与客体、主体与媒介、客体与媒介之间都存在矛盾。其中，主体与客体之间的矛盾转化上升的过程就是体育教学发展的动力，是体育教学理论发展的推进器。这就组成了体育教学论研究的三个基本范畴：学生、体育理论与技术和媒介。在基本范畴的进一步演绎下，得出体育教学论研究的内容体系。首先，学生范畴表现出来的研究内容有体育教学过程中的主体性，体育教学过程中的主体、客体，及其相互间的关系问题，如何培养学生的主体性发展问题等。其次，体育理论与技术范畴表现出来的研究内容有体育教学过程、体育教学内容、体育教学系统、体育教学规律与原则、体育教学方法、体育教学模式、体育教学组织形式等。最后，媒介范畴所表现出的研究内容有体育教学过程的主体性、体育教学目标、体育教学环境、体育教学艺术、体育教学管理与评价等。这些研究内容构成了体育教学论的学科体系。

二、我国体育教学论的发展过程

（一）我国体育教学思想的溯源

根据历史学家与考古学家的研究，人类最少有 200 万年以上的历史。体育作为获取生存所必需的物质财富活动之外的一个社会活动特殊范畴，产生于原始社会的晚期(公元前 8 万年至公元前 8000 年)，其训练的内容是多方面的，其中包括许多身体运动能力方面的训练。例如，从事畜牧业的民族骑马和骑马围猎是人们主要的谋生本领，因此青年们必须接受这方面的训练；在农业村庄，人们感兴趣的是摔跤、举重、舞蹈和养生术等，青少年则以学习这些内容为主。当时体育教育的最初内容就是通过成人接纳仪式而进行学习和训练。当然，不同的地域、不同的历史时代，体育教学的内容、形式均有差异。[5]

在我国体育教学思想形成、发展的过程中，首先要回溯到孔子的思想。孔子思想是中国教育思想之源，他的教育思想对体育教学产生了深刻的影响。例如，孔子所推崇的“六艺”非常重视人的身体的全面发展，他认为体育活动的情调应该是轻松愉快的，“君子之音，温柔居中，以养生育之气，百忧愁之感，不加于心也；暴厉之动．不在于体也”(《孔子家语·辨乐解》)。孔子的教育思想对我国当时的体育教育做出了应有的贡献。

除了孔子的教育思想之外，其他思想流派也对我国体育教学理论的发展做出了一定贡献。如：老子为代表的道家思想，老子《道德经》中的关于“无为而无不为”、“刚则折，柔恒存兮”、“柔弱胜刚强”、“长生久视”之理，成为中国传统武术的方法论[6]，并被广泛应用到古代武术教学传承之中。在中国历史的发展中还产生了以淮南王刘安为代表的黄老学派的自然主义教学思想；以董仲舒为代表的经学教学论思想；以王充为代表的儒学异端教学论思想；以嵇康为代表的玄学教学论思想；以道安、慧远、葛洪为代表的宗教教学论思想；以颜之推为代表的儒道佛初步融合的教学论思想；以王通、韩愈、柳宗元为代表的重振儒道教学论思想[7]。这些教学思想中都有中国传统体育思想的萌芽。

(二) 近代我国学制建立以后体育教学理论的沿革

1. 清朝末年我国的体育教学理论

(1) 初步引进。

在第一次鸦片战争之后，西方列强接踵而至，列强的豪夺给中国人带来了血的教训。不甘屈辱的中国人开始寻求强国之路，社会开始出现一系列变革。在教育领域，清政府确立了“中学为体，西学为用”的指导方针。1862 年，开始兴建洋务学堂。在体育方面，1903 年清政府颁布了《奏定学堂章程》，规定了癸卯学

[5] 樊临虎.体育教学论[M].北京：人民出版社，2002：7.

[6] 毕业，童莹娟，李秀梅.道家思想对中国体育文化的影响管窥[J].体育文化导刊，2005(4) ：75.

[7] 张传隧.论 21 世纪中国教学论发展趋向[J].广西师范大学学报，2002，38(7) ：32.

制，并确立了体育课程的必修地位，体育课程在各级各类学堂里得到了快速的发展。新式学堂的发展，导致各科教师极缺，技术性很强的体操教学更是突出。1906年，清朝学部通令全国扩大师范学堂名额，并命令各省在师范学堂设立五个月毕业的体操专修科，并开办培养师资的体操专修科或体育学堂。于是，我国开始专门培养体育师资。[⑧]

从 1862 年开始兴建洋务学堂到 1906 年开办的专门体操专修科或体育学堂，虽然存在体操的教学，但关于体操教学理论的课程与教材在学校教育中还未出现，其他学科的教学论亦然。期间已出现了有关教学论方面的引进介绍，其中影响最大的教育专业刊物是《教育世界》。它 1901 年 6 月创刊于上海，创刊伊始开始系统地介绍日本学者汤本武比古所著的《教授法》，主要反映的是赫尔巴特的教学理论。除此之外，《教育世界》还介绍了西方教育家夸美纽斯、裴斯泰洛齐、第斯多惠、赫尔巴特等的教学思想。虽然有了教学理论的介绍，但教育界对教学理论仅处在接触和理解阶段，在实践教学中，教学方法还比较混乱。教学方法各异，无一定程式。不过，在各种差异之中，有两种共通之点：第一，在竭力接受班级教授之分班组织、团体讲演等新方法外，仍保持中国传统讲学方法，不拘年限，各科须做笔记等；第二，中国的旧学问尚未视为完全无用，故旧法尚于无形中有所保存。此期的教育力法，实是中西杂糅。

(2) 初建体系。

本阶段从 1903 年颁布《奏定学堂章程》到民国初期。由于在之前的洋务学堂得到一定的发展，并且西方的教育理论通过派遣留学生、翻译西方的教育著作、创建教育学刊等方式在中国奠定了一定的基础，由此，我国的教授法著作开始出现，学校教育中也出现了教学理论课程。1903 年的《奏定初级师范学堂章程》规定了“教育学”学科，分五年教学，第三学年是“教授法”。此外，我国学者还翻译了不少日本的教授法著作，如：沈统翻译东基吉的《小学教授法》；董瑞椿译通口勒次郎的《统合新教授法》；山西大学堂译书院 1905 年译印神保小虎的《应用教授学》；章棂译田口义治的《小学教授纲要》(1903 年上海会文堂印)等。

---

⑧ 苏竞存.中国近代学校体育史[M].北京：人民教育出版社，1994：67.

通过对日本教学理论的学习，中国学者应当时教学计划的要求开始编写教授法著作。其中有朱孔文编的《教授法通论》(时中学社1903年版)；《初级师范学校教科书各科教授法》(商务印书馆编译所1906年编纂)；《小学教授法要义》(木村中治郎、于沈编纂，蒋维乔校定)等。由于受日本的影响比较深，而日本的教学理论又倾向于赫尔巴特的五段教学法，我国的教学论教材所体现的多是赫尔巴特的教学方法。

由于现代意义的教学理论正处于刚刚接受和引进阶段，中国的分科教学论还未出现，这个时期的教学理论是各个学科通用的一般教授法。我们可从教育家的言论中分析。陈宝泉在为康绍言、薛鸿志编辑的《设计教学法辑要》做序时说到："前清末造，初兴学校的时候，真不知教授法为何事。曾忆初到日本，一听老师讲五段教学法时，以为用科学的方法发展儿童的本能，实为新教育之最大特色。所以，当时管私所编辑的小学教授用书，以及各小学实用的教授方法，殆无一不是适用五段教授法原理的。"而据林砺儒等说："中国自有学校教育，其教授法即通用演讲式之注入主义，非惟中学然也。大抵文学、历史、地理等科，专赖教师之取材兴说明；即理科之实验，亦由教师行之，作为说明一种，学生旁观而已。学生之作业，除作文、演算外，惟图画、手工、体操，则非诉诸学生之动作不可，然亦不过模拟的作业而已，其教授之良否，则纯视教师准备教材之是否丰富，说明之是否透辟为断。总之，学生所得，殆出自教授之授予。"由此，可以看出，我国的体育教学论还依附于教学论之中，没有分化出来。

2. 民国时期我国的体育教学理论

(1) 继承清末体育教学理论。

1911年10月，爆发了资产阶级领导的辛亥革命，不仅推翻了清王朝的统治，而且也结束了我国两千多年的封建专制制度。1912年1月，资产阶级革命党人在南京成立了以孙中山为大总统的中华民国临时政府，临时政府一成立就设立了教育部，由蔡元培担任教育总长。成立伊始就颁布了《普通教育暂行办法》、《普通教育暂行课程标准》等法令，之后在1912年9月颁布了《小学令》和《中学令》，建立了民国学制系统的结构框架，史称“壬子学制”。由此，一套相对完整的教育制度建立起来。新学制在体操课方面根据不同学段的学生制定了不同的教育宗旨，并且设置了相应的课程内容。此外，国民政府继续沿用“军国民教育”思想，并对士兵体操的重视达到了高峰。

在这一时期，我国体操课的教学，从教学思想到教学方法，都没有太大的进步，基本上是清朝末年教学理论的延续。如在体育课的教学方法上，1913 年 4 月 17 日教育部曾通令颁布《中等师范学校教员教学方法》：“凡中等师范学校，以后至第三学年始，任择何种科目，每周以二时或三时就教员所讲，令学生笔记。逐渐加强加速，仍由教员随时视察指正讹误。”由此可见，这时的体操教学仍以引进日本的赫尔巴特教学方法为主。

同时，我国学者也编著了一些教学理论的著作。在 1912 年教育部颁布《师范学校规程》和 1913 年的《高等师范学校规程》都规定教育学科中包含教授法。在这一时期，我国学者编写的教授法教材有：1909 年白作霖编著、蒋维乔校订、商务印书馆出版的《各科教授法精义》；1913 年商务印书馆出版的《教授法原理》；1916 年蒋维乔编写、商务印书馆出版的《教授法讲义》；1917 年钱体纯编写、商务印书馆出版的《教授法》；1915 年钱体纯、杨保恒编写、仇采、蒋维乔校订、商务印书馆出版的《师范学校新教科书教授法》。

在这一阶段关于体育教授法的教材开始出现，只是还包含在普通教授法之中。如蒋维乔编写的《教授法讲义》就分为两个部分：总论与分论。总论讲述的是教授之意义、教授之目的、教授之材料、教授之方法等；分论为修身、国文、算术、历史、地理、理科、手工、图画、唱歌、体操、农业及商业、英语等各科教学。同时，蒋维乔编写的《师范类学校教科书各科教授法》、李步青编著的《新制各科教授法》已出现在师范类学校的教授法教材中。这些教材都是在对普通教学理论论述的基础上，就各个学科进行论述，体育教授法包含其中。可见，体育教授法教材已经出现，但是还没有完全独立出来。

(2) 全面引进吸收期。

1919 年五四运动之后，中国进入了西方教学方法的系统引进期。五四新文化运动所倡导的“提倡民主，反对专制；提倡新道德反对旧道德；提倡新科学，反对迷信；提倡新文学，反对旧文学，开展文学革命”推动了中国教育的全方位改革，欧美教育家的教学思想得到快速传播，西方盛行的各种教学方法在中国得到快速发展。随着美国实用主义教育家杜威，美国学者孟录、推士、迈克尔等人先后来中国讲学，实用主义教育思想在中国得以广泛传播。

1919 年 2 月，陶行知发表的《教学合一》系统阐述了“教授法”到“教学法”的理论思想，引起了当时中国教育界对教学理论的深刻探讨。之后，部分学校逐步把教授法改为教学法。与此同时，教学理论课程建设也得到了发展。1925 年全国教育联合会《新学制师范科课程纲要》规定必修科目中有普通教学法、各科教学法、小学各科教材研究等。之后，民国教育部也颁布了不同的规程，来确立普通教学法和各科教学法的地位。

随着西方教学理论在中国的传播，中国学者的教学理论观点也随之发生改变。在教学方法上，由原来的赫尔巴特以教师为主导的教学理论，转变为注重学生的主体地位，教学方法由原来单一的灌输式转向启发式教学为主、其他教学方法兼顾。随着教育科学研究的发展，这一时期还出现了“教材及教学法”教材，这类教材一般分为通论和各论。通论对教材和教学方法进行总述，各论包含体育课。如：1933 年吴研因、吴增芥编，商务印书馆出版的《师范学校高中师范科教科书小学教材研究》；1932 年朱翊新编著、世界书局出版的《高中师范教本小学教材研究》；1935 年吴研因、吴增芥编，中华书局出版的《小学教材及教学法》；1935 年赵演编著、世界书局出版的《小学教材及教学法》等。

随着体育教学科研的发展，中国的“体育教学法”逐渐从“各科教学法”中独立出来，成为教学论学科的一个分支。1933 年 7 月，吴蕴端著的《体育教学法》一书出版，该书分通论、各论两篇，是迄今为止所知中国最早的体育教学法专著，为之后的体育教学法从“各科教学法”中独立出来奠定了基础。

1937 年抗日战争全面爆发以后，中国社会陷入动荡，中国的教育事业艰难开展，体育教学理论的研究进入停滞期，在这一时期体育教学理论教材基本是以前教材的延续。

3．新中国建立以后我国体育教学理论的发展

新中国成立之后，我国体育教学理论经历了曲折发展历程，这个发展过程大致可划分成三个阶段。

(1) 全面学习苏联体育教学理论阶段。

新中国成立以后，我国政府非常重视体育事业和人民的身体素质。毛泽东同志提出“健康第一”和“发展体育运动，增强人民体质”的方针。由于受苏联的影响，这一时期的体育教学理论、体育教学理论的教材与著作反映的都是凯洛夫的苏式教学理论。相比新中国成立前，此时的体育教学理论更加科学、系统。但是，这种苏式体育教学论也存在很多缺点。如：它过于强调教师在教学过程中的主导作用，而忽略了学生的主体地位；过于注重在体育课堂教学中基础知识和基本技能的传授，教学模式过于呆板，限制了教师的创造性。

(2) 独立探索和遭受挫折阶段。

在 1960 年自然灾害之后，前国家体委对体育课提出了要求：“要切实上好体育课，应按照教学计划的规定，尽快恢复每周两节体育课，加强体育基本知识技能教学，认真提高教学质量。”我国体育教学研究尝试着结合各地的教学实际进入了一段独立探索时期。

在这样的背景下，我国体育教学研究者试图用苏联的教育理论来构建立足于中国实际的体育教学理论。1961 年和 1963 年先后编写了体育学院本科和中等体育学校通用体育理论教材，体育教学理论是其中的主要部分。在这一时期，虽然体育教学理论研究内容得到丰富，但在体系上仍未取得实质性的突破。

1966 年中国开始“文化大革命”。大多数地区和学校的体育课被取消，教学科研停顿下来，体育理论研究变成了政策解说或背颂革命导师的语录，我国的体育教学论与相应的体育事业也停滞不前，就连新中国成立后已取得的研究成果也遭到严重破坏。

(3) 改革开放，重新探索阶段。

“文化大革命”结束后，拨乱反正，我国进入新的历史时期。1978 年中共中央召开十一届三中全会，转移工作重心，开始建设具有中国特色的社会主义的改

革开放道路。在改革开放的浪潮中，我国体育教学理论研究出现了“百花齐放，百家争鸣”的大好局面。我国体育教学理论研究由封闭转向开放，体育教学研究界对国外教学研究信息，从内容到方法、从理论到技术，进行了广泛的介绍。并且，在回顾体育教学理论发展的历史基础上，对体育教学论的一系列重大问题展开了深入的研究和探讨。如：关于体育教学过程的本质、掌握运动技能与发展身体素质的关系、教学过程中的师生关系与地位。在原有的苏式体育教学理论的基础上，重新探讨和界定了体育教学论的一些基本范畴。对教学规律、教学原则、教学方法、教学内容、教学评价等，展开了认真讨论。其中，许多理论探讨取得的成果很快转化为教学实践，并孕育出许多新的与体育教学相关的分支学科。体育教学论也正从体育理论中分化独立出来。

4．体育教学论建构独立体系

(1) 体育教学论飞速发展期(1989 年——21 世纪初)。

这一时期，借助国内教育教学理论研究成果，部分学者开始探讨我国体育教学理论自身体系，许多学者、专家对一些体育教学的基本理论问题进行了较为深入的思辨研究。

在体育教学指导思想上，综合分析各种体育教学指导思想，确定体育教学要为“终身体育”服务。在体育教学内容研究中，发展体育教学过程理论，全面分析体育教学过程中相互联系的各个因素，强调体育教学中的“双主体”作用，丰富了教学原则和方法。在体育教学评价方面，重视教学评价理论，强调过程性评价对学生获得体育成就的作用，注重学生在体育教学过程中的心理水平监测，但在实际操作方面还存在一定困难。随着体育教学理论研究和体育教学改革的不断深入及 1988 年第一本《体育教学论》专著的出版，不同版本的《体育教学论》应运而生，关于体育教学理论的论文越来越多，研究范畴取得了新的突破，体育教学论得到了飞速的发展。

(2) 体育教学论作为一门独立学科(21 世纪初——今)。

21 世纪以来，体育教学论已经初步成型，基本上有了自己的内容与框架，形成了自己的独立体系，得到了广大体育教育工作者的认同。2004年教育部体卫艺司《普通高等学校体育教育本科专业主干课程教学指导纲要》中正式确定《体育教学论》为“普通高等学校体育教育专业主干课程”，将“体育教学论”从其他教学理论中独立出来。从此，体育教学论作为一门独立的学科，担负起了传授体育原理、理论，培养体育教学人才的重任。

第三节　我国当前体育教学中存在的主要问题

一直以来，国内众多学者对体育教学论的研究都是围绕着体育教学论的科学化这条基本线索而展开的。体育教学论科学化的实现，既有学科内在发展的必然逻辑，又有社会发展的外在需求和条件。就学科发育状况而论，在我国，体育教学论已经成为体育科学中最有活力、成果最丰硕的领域之一。但是，我们也应该承认，体育教学论要作为一门完整的学科，还存在着一系列不可忽视的问题。

一、体育教学论研究的无序化问题

具体表现为研究方法的缺失和理论构建与实践指向的模糊。

（一）体育教学论研究方法存在的问题

从哲学的角度上讲，目前的体育教学论所运用的哲学方法明显地偏重于认识论．而且没有充分体现历史辩证法的精神。从我国体育教学论发展的历程可以看到，一百多年来，体育教学理论曾经发生过多次彻底否定与全盘肯定的现象。如，民国时期完全肯定欧美“自然主义”体育教学理论，新中国成立后我们马上给予全盘否定，并建立了以凯洛夫教育学为基础的苏式理论，数年后，又开始批判苏式理论的热潮。尤其是在体育教学论开放发展的今天，我们的体育教学论研究者在接受新理论的同时，往往会草率地否定以前的某种理论。

体育教学论研究方法的缺失，还表现在对体育教学过程中的认识活动进行机械的、静止的分析，对体育教学过程客观规律的必然性、复杂性缺乏令人信服的论证，结论或要求的主观任意性、强加性比较突出。例如，我们大多数人都已熟悉的体育教学论中的概念：体育教学目标、体育教学原则、体育教学方法、体育教学模式、体育教学策略等大都是从教学论、教育学中演变而来，没有根据体育教学认识论来重新审视或再次抽象概括。

概括地说，当前体育教学论研究方法的缺失主要表现为“双重替代论”和“无为论”。“双重替代论”是指我国体育教学研究的方法论的理论基础来源于教学论，而“教学论的理论基础长期以来只以哲学认识论为唯一理论基础，简单地用哲学认识论公式去套教学过程。”这导致我国的体育教学论研究要么重复别人的话，要么借用别的学科的理论，自己学科独立体系的理论支撑不够。“无为论”是指体育教学论研究者除了移植教学论的研究方法外，在方法论方面再也无所作为，任其自由发展。

(二) 体育教学论理论构建与实践指向的模糊

从对体育教学论的学科定位分析得知，体育教学论是一门实践性很强的理论型应用学科。这样双重的性质使得体育教学论面临着双重的困境。一方面是理论研究迟滞；另一方面由于与实践脱节，导致一线体育工作者不满和抱怨。

体育教学论是一门理论学科。首先必须肯定的是，理论学科决定研究者研究的理论范型，但并不决定其在价值关系上也是理论的。换句话说，理论研究不等于理论本身，否则，只能导致理论的失真。亦即，在理论研究中，我们不能为理论而理论。在这一问题上，目前我国体育教学论学科的理论构建中普遍能看到“为理论而理论”的影子。很多研究者摒弃理论来自于实践的科学精神，一味地沉迷于从教学论“移植”相关的理论知识，并沉浸于教学、教学目标、教学本质、教学模式、教学策略、教学设计转化为体育理论地来回穿梭。这种过分拘泥于理论的研究，往往使研究者注意力分散，置活生生的体育教学现实于不顾，导致体育教学论未能深入研究现实发展与未来展望的问题。

体育教学论也是一门应用学科，其理论具有实践指向性。然而体育教学论的实践指向性并不决定学科研究中的实用主义倾向。毫无疑问，体育教学论要以实践经验为基础，研究和解决体育教学中实际问题，并从实际问题的研究出发，构建自身的理论体系去指导实践教学，以此循环反复，否则，体育教学论就没有存在和发展的必要和可能。当然，体育教学论在以实践经验为基础的同时，也应该注意以实践经验为基础并不等于体育教学论就应该是停留在就事论事的表面思考上。这里主要是指，一些学者对体育教学论的研究，着重关注体育教学活动相关的、直接的、具体的操作，而对体育教学活动的联系性、普遍性等缺乏理性关照，缺少归纳反思、实践经验的工作。体育教学论要指导教学实践，但教学论不能只知道个别特殊的体育教学活动，尤其不能只知道我们都已熟知的那些体育教学活动。体育教学论不能只承认教学现实，不能只解决教学现实问题，应该在解决教学现实问题的基础上有针对性地把这种体育教学理论进行升华，归纳出其实质性的规律，使自己掌握的体育教学中的特殊规律上升到一般规律。但是，目前我们的体育教育工作者正缺乏这种能力，他们往往习惯于简单直观地解释说明教学实践中的现实问题，而不反思这些问题背后的实质，这使得体育教学论的理论视野日趋狭窄，体育教学论的研究成果日趋肤浅和零碎。

二、体育教学论结构与内容存在的问题

对目前我国各师范体育院系比较通用的 6 本体育教学论教材(樊临虎著《体育教学论》，夏思永主编《体育教学论》，龚正伟编著《体育教学论》，张志勇主编《体育教学论》，毛振明主编《体育教学论》，姚蕾主编《体育教学论学程》)进行比较分析，来看我国体育教学论学科体系中存在的问题。

（一）体育教学论教材结构的比较

1．共同点

首先，这 6 本教材都是以体育教学论学科的基本概念和范畴构造教材框架的。

这些基本概念和核心范畴主要包括“体育教学”“体育教学目标”“体育教学过程”“体育教学原则”“体育教学方法”“体育教学模式”“体育教学评价”。其次，都试图寻找一种逻辑顺序来编排章节框架。如：张版的《体育教学论》在编写中就提到“在编写过程中，力图体现运用辩证唯物主义的基本观点，运用‘三论’的方法以及相关学科的理论作为科学基础，来研究阐明体育教学系统的各种关系”；龚版的《体育教学论》框架则打破常规，把体育教学论分为“体育教学基础论”“体育教学系统论”“体育教学过程论”“体育教学设计论”来编排框架内容。再次，结构体系保持开放性。不管是从体育教学论的发展历程，还是从这 6 本著作，我们都可以看出，体育教学论教材的结构框架一直在变化更新。

2．存在的问题

我国体育教学论作为独立学科存在也就短短几年时间，虽然在这之前有很深的理论积淀，但是其学科教材的结构框架还处于探索、前进阶段，还存在一些问题。首先，体育教学论的一些基本概念虽趋于明朗，但存在分歧，特别是一些概念、范畴的类型、层次、前后依存关系尚待厘清、反思。其次，体育教学论应该是研究“教”与“学”的理论，应该涉及“教论”与“学论”。然而，纵观这 6 本教材，只有夏版的体育教学论提到了“体育学习”，而其他教材仅在一些章节中略有涉及。再次，怎样吸收、容纳新的成熟的研究成果，保持教材的开放性，是在已有的框架内将新的成果纳入原有概念之中，还是另设章节，嵌入原有框架，这都是体育教学论研究者所面临的问题。

（二）体育教学论教材内容的比较

1．共同点

纵观这 6 本教材内容，它们的作者虽然从不同角度来阐述体育教学论的理论，但是由体育教学论的任务决定了它的主要内容必定存在一定的共性。首先，体育教学论的学科研究范畴决定了教材内容涵盖了：

(1) 体育教学的理论基础，即一般教学理论在体育教学中的运用；

(2) 体育教学的操作系统，主要涉及体育教学策略、方法、评价等；

(3) 体育教学独特经验的提升与理论概括。其次，从理论内容的编排上也有一定的共性。都是在已有教学理论的基础上进行阐述，并试图有所创新、突破。

2. 不同点

首先，在内容的编排上，大致分为纯理论与理论实践结合型。如，毛振明与姚雷版本的教材在每个章节的组织上与实践联系的较为紧密。毛版的教材每章前面有“学习提示”，然后是基本理论的阐述，在阐述过程中如有难懂的知识点，设立了“相关链接”帮助学生学习，每个章节的后面还有思考题。姚版的教材每章的内容由案例开始，从问题入手，引出正文，正文之后是几点思考和本章的小结，最后是待讨论的主题和问题、理论付诸实践的活动和推荐参考文献等几部分组成，而其他版本教材在内容上都倾向于纯理论编排。其次，反映教改实验的方式有别：有的教材将同一改革实验置于教材的不同章节进行述评；有的放在教材开头；有的作为补充材料置于教材后面专章介绍；有的兼而有之。如，龚版的教材把“体育教学研究”放在教材的开头，而其他版本的放在结尾。

3. 存在的问题

体育教学论还处于发展阶段，并没有形成成熟的学科，因此体育教学论的学科内容反映到教材体系中也存在一定的问题。首先，反映出来的是体育教学论的教材都是一般教学论理论体系的套用，即人们所熟悉的教学论＝本质规律论＋目的内容论＋过程原则论＋组织形式与方法论＋评价论。这种理论体系，与鲜活的体育教学实践形成了尖锐的反差。其次，目前的体育教学论内容还反映出，体育教学论理论体系未能有效地吸纳当代哲学、教育科学、心理学的最新成果，诸如建构主义理论、现代学习论等，即使引进了新理论也没有完全吸收，并与体育相融合，致使体育教学论理论的创造性不高。

第四节　21 世纪体育教学的发展趋势

一、通才体育

通才体育是一种发展着的思想，它随着社会政治、经济、文化和教育的发展不断丰富自己的内涵。早期的通才体育可称为普通体育。到 20 世纪上半叶，美国通才教育思想家赫钦斯正视到美国工业文明高度发展的同时带来了系列教育困惑，重新概括指出，通才教育是“专门从事陶冶的一般教育或做高深研究的基础教育”，是高等教育的最重要的具有特色的指导思想。通才体育思想也随之被赋予了新的含义。对照中美及中欧工业文明高度发展期的众多相似特征以及参照中国当代及 21 世纪高校体育发展需要，我们可以给通才体育作如下的界定：通才体育是适应社会发展需要，遵循教育规律、体育规律和身心发展规律，以“体”为对象，以“育”为手段，以锻炼身心为特征，以培养人为中心和发展人的优秀性为目的，对学生所实施的身体教育或通过身体的教育。从这一定义我们可以看到：通才体育以其三个“规律”和一个“适应”的科学特征区别于自然主义体育、经验主义体育和时尚娱乐体育等；通才体育又以学生的“体”为独特对象，从陶冶品质，培养情趣、基础科研能力以及促进终身体育和“全民健身”等发展人的优秀性的角度出发，对高校学生进行全面而深刻的体育教育，是一种对中国未来高等人才实行较高要求的先进体育思想或形态。它与其他体育思想的相互关系可以用屋脊型(图 1-1)加以直观形象化比喻。

由图1-1 可知，在各种体育思想中，全面发展体育是基础，成功体育、快乐体育等是两翼，科学体育是本位和动力源，通才体育是顶脊和天线。只有夯实基础，扩展两翼，备足能源，才能稳架天线向外辐射能量，更广泛深入地促进终身体育与竞技体育的发展。此图还表明了中国高校体育处在一个极其重要的关键位置上，它既不能失去众多体育思想的支撑，又不能降低思想标准，更不能离开科学的学校体育这一本体而全面走向终身体育、竞技体育等，否则只能成为空中楼阁。

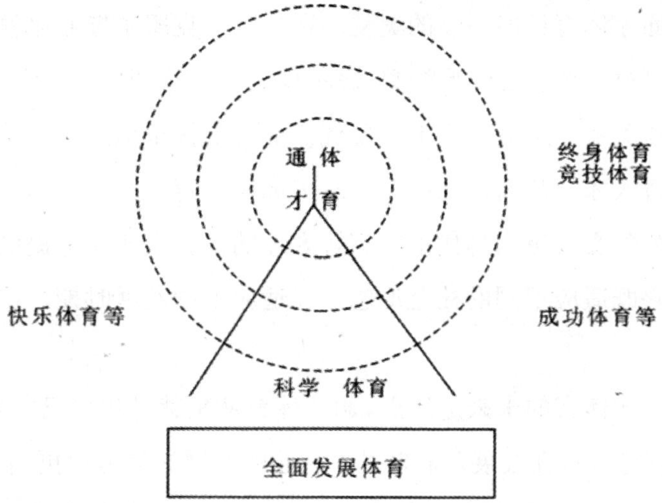

图 1-1　各种体育思想关系比较

这里还要强调指出，我们不能“望图生义”，以为只有高校的通才体育才有辐射功能和能力，而其他体育思想对促进终身体育、竞技体育等没有辐射作用，不能作“天线”；也不能因此产生享受通才体育教育是一部分人的专利的错觉。事实上，按照马丁·特罗的“发展阶段论”，产业社会的高等教育是按照“英才——大众——普及”的方向发展的，高等学校的通才体育(教育)将是未来人类的普及教育形态。我们现在需要借助高校人才的体育通才化发挥最强有力的辐射功效和能量，更有效地促进我国体育事业的全面发展。

科学性(广义)是通才体育的最大优势。通才体育以现代大科学作基础，兼顾科学性(狭义)和人文性，强调按教学规律、体育规律的学生身心发展规律办事，以适应社会需要和社会发展为突破口，将高校人才体育教育全方位科学化、人文化和现代化，能最大限度地将体育能力和能量储蓄于高校人才中，快速高效地向社会辐射或传递。

协同性是通才体育的现实立足点。通才体育大量吸收了古今体育思想的优秀成果，集众家之所长，融于一体；同时还将各种体育思想脉络关系理顺，把自己摆到协调整合的位置上，澄清了体育思想分化引起的混沌局面，由无序走向有序，必然使人耳目一新。

适应性是通才体育长盛不衰的奥秘。通才体育克服了专业化教育培养人才在人格和技能上单薄甚至片面畸形的弊端，不仅为古代欧洲培养了文武兼备的“士”，而且为近现代欧美资本主义国家走上现代工业文明快车道成功培养了高素质全面发展的各类体育人才，从而创立起现代欧美高校体育的繁荣局面，也曾为中国高校所改造和部分落实，更为当代中国高等人才的体育素质培养提供了借鉴，指出了一条捷径。它既适应不同的社会形态，又适应不同发展时期，在时间和空间上有极大的跨度。

发展性是通才体育的未来定足点。通才体育从来就是将自己的眼光瞄准未来。社会在变化，高等教育在发展，未来对人身心的发展必然提出更高、更全的要求，今天的“博”，在明天就只能算为“通”。因此，不仅通才体育的含义在发展，通才体育的形式、操作方式和运作机制等都在发展，通才体育以其发展的优势和特征引导人们不断提高追求的层次和水平。

二、休闲体育

体育活动有健身、竞技、游戏、娱乐等属性，具有改善与发展人的身心健康，提高人体机能水平的作用。体育用于竞技能够激发人力的潜能，锻炼人的意志、品质，一些趣味性的休闲项目更是可以放松身心、培养团队精神。从这个意义上来说，休闲体育项目既可以看作是体育项目也可以看作是休闲娱乐。

休闲体育并不是新产生的一个概念，在传统活动中休闲体育以另一种方式呈现，用来满足人们的休闲心理和发展需要。

研究休闲体育历史演变和行为特点，对于我们深入分析和认识人类在不同的时期休闲体育的特点，分析和解决休闲体育的发生以及发展历程中存在的各问题具有重要的意义。

如果将休闲体育产生的根源融入人类社会的发展历程当中去研究，根托夫勒《第三浪潮》中的记载，人类休闲活动的历史可能超过一万年，换句话说人类在一万年之前就已经有休闲类的体育活动。著名的历史学家马丁指出："在可记载的历史之前我们只能推测人类从事何种类型的活动，尽管史前时代人类主要是为了生存而进行着各种与自然界和生物种群的斗争，但人类通过多种形成的娱乐活动寻求更舒适、更符合人性的生活的例子是不难想象的，不管人类存在于何时何地，其生物性中自娱自乐的本能会使他们在可能的情况下通过身体运动来娱乐身心。"

伴随着休闲体育的悄然兴起，休闲体育产业已经逐渐成为休闲产业的一个重要组成部分，许多自娱性体育项目(如高尔夫球、保龄球、网球、乒乓球、羽毛球等)和娱他性体育项目(如足球、篮球、F1 赛车等)已经成为主流体育产业；许多新兴的体育项目(如射击、射箭、皮划艇、击剑、蹦床、柔道、赛艇、游泳、摔跤、动力伞、滑翔、热气球、登山、攀岩、汽车、摩托车、摩托艇、滑水、跆拳道、弓弩、健康操、体育舞蹈、舍宾、蹦极、探险、漂流、冲浪、潜水、飞艇、轻型飞机、运动游艇、牵引伞、跳伞等)更是如雨后春笋般地在我们身边流行和发展起来。

《中华人民共和国国民经济和社会发展第十三个五年规划纲要》提出"绿色是永续发展的必要条件和人民对美好生活追求的重要体现"。树立并贯彻绿色发展理念，就要把人民对美好生活的追求放在首要位置。美好生活取决于两个因素：物质财富的丰足和休闲时间的充裕。因此，教会人们高质量地休闲是绿色发展所必须重视的一个基本问题，绿色发展呼唤休闲体育教育。

休闲体育教育现状和国民对休闲体育教育的认知如何呢？笔者受湖北省高等学校人文社科重点研究基地——湖北青少年思想道德研究中心的委托，随机选取3000 个样本进行了调查。结果显示：休闲体育教育主要是自发开展，一般学校都没有设置休闲体育教育的相关课程，也没有专任教师。个别学校把休闲体育教育作为点缀融入到素质教育之中，或者在体育教育中加入了休闲体育教育。在一些人文社会科学的课程中，任课教师自己也缺乏对休闲体育教育内容和本质的理解，因此很难有意识地在人文社会科学的教学中渗透休闲体育教育理念。

调查发现，91.30%的人知道休闲，但仅有 14.70%的人了解休闲体育内涵和休闲体育教育；虽然大多数人对于目前休闲生活的满意度一般，也有提高休闲质量的愿望，然而对于问卷中"如果开展休闲体育教育，您参与的积极性如何？"的问题，约有 82%的人选择一般，仅有 8.60%的人有较高的积极性，其余的持无所谓的态度。至于休闲方式，排在前 5 名的分别是上网娱乐、看电影电视、逛街购物、体育锻炼、户外旅游，读书阅读和参加社会公益等数据则靠后，显示出明显的娱乐化倾向。

休闲体育不是一种天生的能力，而是后天习得的行为、态度和意义，通过体验和选择的历史渐渐社会化并学会了有意义的休闲。因此，高度重视并切实加强休闲体育教育，实现我国民众群体与个体的绿色发展，刻不容缓。笔者认为，可从两方面着力：

首先是建立和完善休闲体育教育体制。

营造休闲体育教育氛围。我国的传统教育一提起休闲，往往与“游手好闲”等同。如今随着休闲社会的来临，休闲体育教育已经成为摆在政府、社会和学校面前的一个现实问题，营造休闲体育教育良好氛围时不我待。政府、社会和学校要制定计划，从政策上引导国民进行有益的休闲活动，培养优良的休闲品性。

设置休闲体育教育课程。国外教育体系中的休闲体育教育已经有了比较规范的发展，教育过程中的休闲色彩比较浓厚，效果也很好，如很多学校都设有休闲哲学、休闲社会学、休闲心理学、休闲与健康教育、休闲与环境保护、休闲与文学创作、休闲与艺术创造、休闲与社会发展等课程。而在我国学校教育中，长期以来与休闲体育教育有关的就只有音乐、美术、劳动技能等有限的几门课程，课程内容也基本不涉及如何利用闲暇时间的问题，而且这类课程作为副科根本得不到学生、家长甚至教师的重视，有限的课堂教学时间往往被所谓的主科挤占。所以，对国民进行休闲体育教育，一定要设置休闲体育教育课程，网上、网下适时推送；特别是对于在校学生，可规定其作为必修课，充分强调课程和课堂教学在休闲体育教育中的主渠道作用，切实改变传统课程设计以工作为核心的目的，使学生能够从其休闲课程中确保身心充分休整与完善，获得全面的发展与进步。

加强休闲体育教育研究。休闲能够带来幸福，但并非幸福本身，其对创造幸福至关重要。随意的休闲，难以产生自我满足，也无法获得长久的幸福。因此，加强休闲体育教育，理应向人民群众展示为了获得幸福可以有多种多样的自由时间使用方式，以及依靠这些方式所能够获得益处的本质。同时，通过科学的休闲体育教育，向受众推广深度休闲和项目式休闲，将其作为获得幸福的额外途径，显然，这种休闲方式要比随意休闲来得更持久、更深刻，也能为绿色发展和美丽中国梦的实现打下基础。

其次是丰富和创新休闲体育教育内容。理念是行为的先导，休闲体育教育的首要目的就是帮助人民群众树立科学、积极向上的休闲观。要告诉大家休闲的本质不是劳动的附庸，而是劳动的最终目的，从而能合理利用时间，明智选择休闲行为，并纠正部分人对休闲的错误认识。决不能把休闲仅仅当作休息，或等同于玩耍及纯粹金钱的消费，要明白休闲具有多元化的潜在价值，如恢复体力、发展个性、提高审美能力、陶冶个人情操等。

同时，也要强化健康休闲伦理。休闲既是一种生活方式，也是一种生活态度，体现着人们的价值选择趋向，是检验人们道德和伦理判断的基础。休闲的本质是自由的，但自由并不意味着放纵和无拘无束。人们的休闲方式必须符合社会的价值规范，必须符合社会伦理道德。特别是在我们这样一个资源日渐减少，生产需要日渐减少，生存空间日渐缩小的世界上，发展闲暇道德已成为我们生存的必须条件，加强对人民群众的休闲伦理教育也就显得至关重要。如在全球生态环境问题日益突出的情况下，野炊可能导致森林污染与火险，草原探险遗留垃圾几乎不可避免地会破坏本已脆弱的草原生态环境，这都需要强化健康的休闲伦理，呼吁公众进行生态休闲，从而实现绿色发展。

休闲体育教育是一个循序渐进的过程，需要传授适当的技能和技巧并不断地加以练习。缺乏休闲技能技巧，人们就不可能实现更高层次的休闲，而只能把时间耗费在聊天、逛街、上网和看电视等普通、低水平的休闲活动上。因此，传授人民群众适当的休闲技能，他们才能自由地安排自己的休闲活动，丰富自己的休闲生活，更加主动参与各类休闲实践，增强自身的精神体验。技能技巧必须通过正规学习才能掌握，如歌剧、国画、剪纸、科模制作等高层次休闲活动，并不是每个人都能参与和欣赏的，它要求参与者和欣赏者有较高的文化修养和一定的鉴赏能力，而且要反复接触才能领略其中的奥妙。

三、健美体育

健美和健身是两个不同的概念，但是二者之间又有一定的联系。健身是健美运动的初始阶段，动作简单，只要身姿端正、身体健康就行了，大多数人都能达到健身的效果。然而健美，不仅仅要加强健身，还需要良好的身体条件和超强的意志力进行训练，从而使锻炼者的身体肌肉发达、形体美观、全身匀称。健美对锻炼者的腿部力量和肌肉的质感都有很高的要求，但是健身只是一种综合素质的体现，要求的是肌肉发达，整体线条美。

健美根据职业技术水平的高低，可以分为职业健美和自然健美。所谓的职业健美主要是指健美运动员在一些业余比赛中取胜并获得一些职业认证。在自然健美比赛中，参加比赛的人员要进行检查，一旦发现违规立即取消参赛资格。自然健美运动员更加注重健美技巧和培养良好的生活习惯。健美根据年龄段的不同，可以分为青少年健美和女子健美，总的来说健美运动主要针对年轻参赛者，更加侧重对力量方面的训练。女子健美主要是为了追求更好的身材，提高肌肉力度，从而更好地维持身体平衡。

健美本身是一个富有魅力的竞技运动和娱乐项目，它不仅是一种体育项目，也是一种良好的生活方式，它起源时间虽短，但生命力极其顽强。健美体育是一项竞技运动，不需要依靠政府长期投入，但是它要求锻炼者一具有顽强的意志力，因为健美体育本身是一项长期艰苦的体能锻炼项目，竞技性比较高。另外，由于人本身对美有一种追求欲望，因此，健美体育的宗旨是更美，通过向观众展示健美运动吸引观众，这就是健美体育的娱乐性的具体表现。

随着人们经济收入的不断增加，人们的生活方式也逐渐发生了改变，更加注重娱乐性消费。在现代忙碌的都市生活中，健身已经逐渐成为都市人时尚的一种生活方式。通过一些健美运动锻炼自身的线条，增强体质，提高锻炼者一的免疫力。

随着中国体育事业的进一步深化改革，所有的体育项目都可以具有自己的市场，通过商业活动，促进这个体育项目逐渐走向成熟。

在高校开展健美体育选修课程，不仅可以提高体校学生的专业知识水平，还可以丰富学生的业余生活。通过开展健美课程，让学生对健美运动形成一个全新的认识，让学生意识到健美运动不仅可以增强体质，还可以提升自己的形体美。这一措施要想得以实施，必须要对高校领导进行培训，解放自己，摒弃陈旧思想，接受新事物，进一步提高校领导的综合素质。

第二章　体育教学主体要素的分析

第一节　体育教师在教学中的任务及作用

对于教师，人们历来给予的评价是很高的，常被誉为“人类灵魂的工程师”“智力能源的开发者”“手执金钥匙的人”，等等。体育教师除肩负着人类灵魂的设计与塑造工程外，还担负着人体形态的设计与塑造工程。因此，把体育教师誉为“人类体魄的工程师”一点也不过分。

一、体育教师的任务

在体育教学中，教师的任务主要有以下三个方面：

（一）武装学生头脑，发展学生智力

这是所有教学活动所具有的基本职能。体育教师要完成这一任务，既要精通自己的专项业务，也应培养广泛的兴趣，还要不断地研究各项目的教学方法。这样才能答疑解惑，把各运动项目的知识原理和技能有效地传授给学生。当然，这一任务是通过各科教学的协同活动来完成的。

（二）引导学生思想，健全学生人格

人格即个性，指的是一个人带有倾向性的、稳定的心理特征的总和，即一个人的精神面貌。它是一个多层次、多维度的复杂动力结构系统，是在人的长期实践活动中，在家庭、学校和社会的影响下逐渐形成的。其中，学校教育尤其是教师的一言一行、一举一动对学生健全人格的形成具有十分重要的影响。例如：教师对学生的爱和在学习上的具体帮助；教师的表扬与批评；教师所创造的班级气

氛；教师的工作态度、作风、兴趣、特长和爱好等。因此，教师应自觉加强自我修养，为学生做出表率。另外，社会风气、家庭的早期教育对人格形成的影响同样不可忽视。

（三）增强学生体质，培养体育人才

体育教师最基本的任务是通过教学增强学生体质，促进学生身体的健康发育，为学生今后步入社会打下坚实的物质基础。同时，还兼有发现和培养体育人才的重任，这一步有别于其他学科的教学。对于身体与知识的关系有人形象地比喻为桶与水的关系。桶漏了水是保不住的。体质差了，面对繁重紧张的学习，同样是难以持久的。例如：身体素质下降，所掌握的高难动作便无法表现与发挥。至于体育人才的发展更具特色，创成绩、破纪录的高峰期不是成年或老年期，而是青少年阶段。这就要求体育教师在教学过程中，既要注重学生体质的训练，也要善于发现和培养优秀的体育苗子，把学校体育作为培养职业选手和优秀运动员的初级阶段或基地，不断地输送人才，为我国体育事业后继有人做出贡献。

二、体育教师在体育教学的作用

学校体育是一个有目的、有组织、有计划地发展学生身心机能的系统工程。教学过程是由教师的教和学生的学构成的双边活动，关系如鱼和水，合则存，离则亡。但是，教和学又是两个不同性质的活动过程。根本的区别在于：教师活动的目的是向学生传授人类积累的知识、经验和技能，教给学生学习与锻炼的方法，促进学生的身心发展，为学生的未来工作奠定基础。这种活动属于改造客观世界的活动。学生活动的目的是掌握人类积累的知识、经验和技能，并将获得的知识、经验同化在自己的知识体系中，同时实现自身的发展，完成就业前的准备。可见，学生的学习活动属于认识客观世界的活动。正确认识两种活动的不同性质，对于教师的教和学生的学都具有重要的意义。作为教师来说，承认只有学生才是教学活动的认识主体，有助于找到施教者的主导地位和中心任务，消除把学生看做是一种知识“容器”的错误观点，避免只顾赶进度而“满堂灌”，不管学生是否有兴

趣、是否理解和掌握等得不偿失的劳动。对于学生，明确自己是教学活动的认识主体，就会有意识地减少对教师的依赖性，增强自主性，以主人翁的态度积极主动地对各方面信息进行认真地筛选和精细地加工。

教学实践表明，只有当学生充分发挥了主观能动性，外部条件的影响才能通过主体这一内因而产生效能。

明确学生在教学活动中的主体地位，并不排斥教师的地位和作用。虽然大学生的认识能力已趋于成熟，也掌握了一定的学习方法，但毕竟还是在求学期，不是独立的工作期，在很多方面仍然离不开教师的指导和帮助。在影响学生发展的诸因素中，教师始终是最积极、活跃的一个因素。例如：学生对体育学习动力不足或兴趣不浓时，教师可通过自己的活动或其他措施来激发和培养他们的学习动机和兴趣；根据男、女生不同的身心特点，教师可灵活地安排练习内容和练习强度；气候突变，教师可及时变换场地或调整教学内容；设备、器材不足，教师可因地制宜或因陋就简，创造性地改变现状等。

教师的主导作用，除了在体育教学活动中得以充分体现外，在日常生活中的表现同样对学生产生着潜移默化的影响。归纳起来有以下八个方面：

(1) 精神状态，精神饱满还是委靡不振；

(2) 言语表达能力，词汇的多寡、表达是否流畅富有感染力以及使用的语种；

(3) 兴趣爱好，广阔还是狭窄；

(4) 气质与性格，暴躁还是温和；

(5) 情绪表现，高涨与稳定还是低沉与多变；

(6) 意志品质，坚强或懦弱，果断或犹豫；

(7) 个人卫生，整洁大方或是不修边幅、邋遢；

(8) 生活习惯，有条理或是杂乱无章、不拘小节。

另外，体育教师的责任感、为人处事的态度及行为方式等，都会影响学生的学习活动与个性的形成。

体育教师的主导作用不仅表现在主动、活跃的教学活动中和日常生活的举止上，而且更为重要的是，体育教师是党的教育方针和体育方针以及教学计划的具体执行者，是把学生的身心发展规律同教材与目标有机结合起来的创造者。因此，学生要能够顺利地“从教学的这一端走向另一端”(有人把学生与课程比做教学过程的两端，教师则是两端之间的桥梁)，完成从不知不识到合格社会成员，从弱不禁风到肌体强健的转变，离开了教师的引导是难以实现的。

三、体育教育主导作用的发挥

教师“主导”的核心在于“导”，“导者，多方设法，使学生能逐渐自求得之，卒底于不待教师教授之谓也”。体育教师的主导作用就是要想方设法使学校的体育活动生动活泼、丰富多彩地开展起来，使学生学会学习和锻炼的方法，从根本上说，学会如何做人。为此，以下几点需特别注意：

(一) 要明确教师工作的最终目的

学生是认识和发展的主体，在求学期，尽管需要教师的帮助与指导，但最终目的还是为了实现自我发展，走向独立甚至超越教师的道路。所以，教师在教学中应在“引路”“指点迷津”“提供线索”上多下工夫。

(二) 注重培养和激发学生的好奇心和探索性

好奇与探索可以说是人的一种天性，教师要充分利用这一点，引导学生多思、多问、多动，不要什么都一包到底。要给学生创造能够充分发挥学习潜力和聪明才智的机会和环境，养成学生多角度分析问题和解决问题的习惯。

(三) 教育教学方法多样化

体育教学中的运动项目多种多样，不同项目有不同的特点。教师应努力从不同项目中寻找并采用一些能激发学生学习积极性、主动性，引导学生独立思考、自觉锻炼，有助于学生良好学习与锻炼习惯形成的教学方法，力避方法上的僵化与枯燥。例如：寓教于乐，让学生把体育学习视为一大乐事，在轻松、愉快、享受的情绪体验中进行。又如，根据场地、器材等条件因地制宜、创造性地设计一些新颖、独特的教学方法等。只要教师在以上方面“想方设法”，教师的主导作用就一定会发挥得更好，教学效果也会相应提高。

第二节　体育教师知识结构与心理素质

一、普通高校公共体育课教师知识的应然结构

（一）普通高校公共体育课教师教学知识结构的视角

根据新世纪体育教师的工作特点、职责和应具备条件的要求，构建体育教师合理优化的知识结构体系，应有明确的指导思想，即所学知识具有显著的时代特征，能反映现代体育科学的新观念、新思想、新信息、新知识，能适应市场经济对体育人才知识水平的需求，符合专业培养目标和人才规格。从这个认识出发，普通高校体育教师掌握的各类知识及其组合，必须是能转化为适应学校体育改革发展所需的知识体系，必须是能转化为适应展示体育在提高民族素质、人的劳动素质本质功能所需的知识体系；必须是能转化为适应不断更新知识，具有开拓创新意识所需的知识体系。基于此，本书认为，按照层次划分，普通高校公共体育课教师知识结构应该包括核心层知识、紧密层知识、拓展层知识(图 2-1) 。

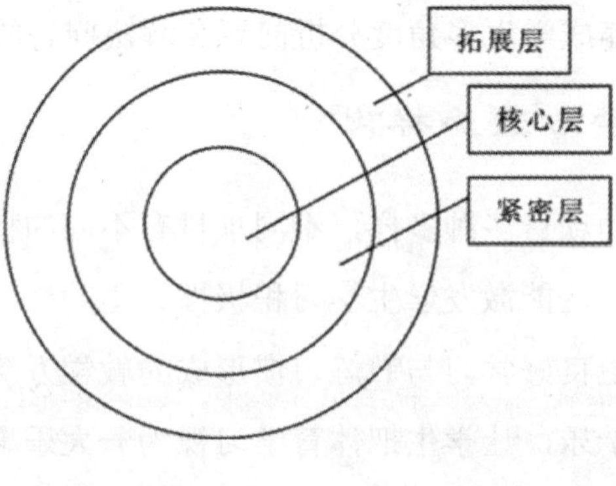

图 2-1　普通高校公共体育教师知识结构

1．普通高校公共体育课教师应具备的核心层知识

核心层知识包括普通高校体育公共课教师教学中必须具备的体育基础知识、基础理论、基本运动技术技能以及教学内容的结构安排等。作为一名普通高校公共体育课教师，首先要具有作为教师所必备的体育基础理论知识，最基本的运动技术技能。这一层面的知识是教师开展体育教学必须具备的专业知识和专业基础知识，其整体要求是“专”“精”“深”，是体育教师应掌握的知识重点，在教学知识结构中处于核心和关键地位。这一层面的知识包括 4 个方面：一是人体科学知识，如解剖学、生理学、生物力学、生物化学、体育保健学、运动医学等；二是专项理论与技术知识，如各运动项目理论、各运动项目技战术、各运动项目竞赛规则和裁判方法、临场指挥理论与方法等；三是科研理论与方法方面的知识，如体育科研方法、体育计量学、体育统计学等。

2．普通高校公共体育课教师应具备的紧密层知识

紧密层知识包括教学方法的掌握、教学的一般方法与策略和课堂组织模式。新体育课程改革要求体育课程体现均衡性、综合性和选择性，对体育教学内容进行选择，采用形式多样的教学方法和灵活多变的教学组织形式，多渠道、多角度、全方位地让学生在运动参与、运动技能学习、身体健康、心理健康、社会适应能力等体育课程学习的 5 大领域得到均衡的发展。基于此，体育教师必须发展紧密层知识水平，更新教学观念，建立“育人为本，健康第一”的思想，从“三维健康观”入手，合理选择教材，以科学的教学方法和教学模式进行体育课堂教学。

3．普通高校公共体育课教师应具备的拓展层知识

拓展层知识包括与体育教学密切相关的多媒体运用知识、体育与其他学科的交叉融合、体育教学最新动态发展、教学的研究等。由于体育与健康教育中体育教师的教学内容与目标被极大地丰富与发展，普通高校公共体育课教师知识结构应随着社会的发展而进行优化，必须及早建立适合体育与健康教育的新的知识体系。由于目前的体育教师都是在体育教育背景下培养起来的，在个人知识结构上，需要丰富体育社会学、体育发展史、教育学、心理学，尤其是体育锻炼与身体心

理健康、社会适应等方面的知识。应将现代教学手段纳入体育教学领域，熟练地掌握和运用多种媒体服务于体育课教学。

(二) 普通高校公共体育课教师知识来源的调查

1. 从职业经历看教学知识来源的主要途径

当今的社会教育已经相对发达，信息流量丰富且复杂，在这样的环境下普通高校体育教师的知识来源广泛、重点突出。下面从体育教师职业经历的角度出发调查普通高校公共体育课教师知识的来源(如表 2-1) 。

表 2-1　普通高校公共体育课教师知识的来源

(单位：人次)

来源	课程知识的获得	教学内容知识的获得	教学方法的获得
职前教育	27	221	178
在职培训	82	28	72
有组织的体育教研活动	173	125	41
和同事的日常交流	186	73	12
阅读专业书刊	95	21	64
互联网	78	2	7
教学经验和教学反思	125	51	231
观摩教学比赛	123	83	165
其他	18	51	2

从表 2-1，我们可以看出，体育教师课程知识的主要获得途径是“和同事的日常交流”(75.6%) ；体育教学内容知识的主要获得途径是通过“职前教育”(91%) ，另一种重要途径为教研和交流。因为这两种方式不仅对教师的教学活动具有针对性，而且还简便易行。

基于上述调查的结果，本研究以体育教师知识三个层次为横向参考，以职前培训、在职培训、同事交流等九个项目为纵向设置对普通高校公共体育课教师知识来源展开调查。

2. 从应然的知识结构看知识来源的主要途径

根据应然状态下普通高校体育教师的知识结构，本研究着重从体育教师的基础知识、基础理论、基本技能、教学方法、教学策略、交叉学科知识等方面来摸清目前普通高校公共体育课教师知识来源的实际情况(表 2-2) 。

表 2-2　各种知识来源的主要途径　　(单位：人次)

知识层面	职业生涯	职前教育	在职培训	有组织的教研	同事间交流	阅读专业书刊	互联网	其他
核心	基础知识	151	15	21	14	10	3	2
	基础理论	83	67	31	12	25	5	3
	基本技能	164	24	14	10	9	1	3
紧密	教学方法	32	24	28	13	21	9	7
	教学策略	25	21	54	52	17	6	1
	课堂组织	15	17	18	26	11	2	3
拓展	多媒体知识	42	18	16	33	53	21	32
	体育交叉学科	51	42	24	23	75	9	7
	体育教学新动态	22	68	59	28	19	16	10

从表 2-2 中可以看出，关于体育教师核心层知识方面的“基础知识”“基础理论”“基本技能”，被调查者大都认为来源于职前教育。其中“基础理论”方面在职培训也比较重要，占 27.2%。关于紧密层方面，以职前培训做基础，“教师自我反思”成为主要来源。其中，关于“教学策略”中“有组织的教研”和“同事间交流”起着更重要的作用，分别占来源的 22.0%和 21.1%。关于拓展层方面，体育教师知识来源显示更加多元化，“多媒体知识”来源主要在“阅读专业书刊”和“职前教育”，“同事间交流”也比较重要；“体育交叉学科”主要来自“阅读专业书刊”“职前教育”和“在职培训”，分别占 30.5%、20.7%、17.1%；“体育教学新动态”来源主要为“在职培训”，占 27.6%，其次是“有组织的教研”，占 24.0%。

二、普通高校公共体育课教师知识的实然状态

为了准确地揭示当前高校教师知识结构状况，弥补问卷调查的不足，本节借助文献研究法，将近几年介绍教师知识结构状况的文章收集整理，结合访谈法与本次调研结果纵横比较，从而在实证研究与定量研究紧密结合的基础上进行综合考察。

（一）普通高校公共体育课教师知识的实然状态

现阶段的体育教师在教学知识结构上存在着一系列的问题，归结起来主要表现在：教学核心层知识不够扎实；教学紧密层知识不够完善；教学拓展层知识比较缺乏。

1．核心层知识不够扎实

由于我国高等教育培养体制的原因，目前高等学校体育教师绝大多数都是来自于专业体育院校。体育院校的学科门类较单一，专业口径过窄，他们的知识结构不尽合理。他们对体育竞技方面的知识了解较多，而对体育文化、体育社会学、体育人文等方面的知识了解较少，特别是对现代科学技术的发展所造成的不同学科的综合性与交叉了解甚少。同时，近几年出现了大量新兴项目，如跆拳道、轮滑、瑜伽等。作为现代高校体育教师，除掌握精深的基础理论知识以外，还必须掌握专业基本理论知识与技术，包括球类、田径、武术、体操、健身操，具有现代化、地域性、生活化、社会化、个性化、终身化的运动项目的技战术和理论知识，以及规则、教学原则与方法，及时掌握体育技术发展的新知识、新信息，把握体育运动技术发展的新方向，大量收集、加工、处理、吸取相关信息，在精深的基础上实施科学的综合，做到专业技术与理论“精”“深”“新”。

2．紧密层知识不够完善

调查显示，体育教师教学前不备课，课后补教案的情况较多，从而谈不上课前教学设计和课后反思了，除非是检查或教学比赛。在教学过程中，只注重任务

的完成。面对活生生的学生缺乏有针对性的教学，教学方法相对单一，教学手段欠创新，填鸭式多。

通过走访湖南省部分高校，观摩某些学校的体育教学课，可以发现，湖南省普通高校公共体育课教学仍受应试教育的影响，绝大多数教师在实践中仍固守传统的体育教学模式。

调查还表明，普通高校公共体育课教师在教学中出现不平衡现象，运动技术很好，理论、讲解教学水平欠缺，而理论、讲解教学水平较好的教师在示范时受运动技术水平的限制。

3. 拓展层知识比较缺乏

调查显示，普通高校公共体育课教师与体育教学密切相关的多媒体运用知识缺乏，一些边缘学科知识比较薄弱，特别是教育科学知识、人文知识、科研等方面学习不够；不关心体育教学发展的最新动态，对于新知识以及教学研究持无所谓的态度；知识的宽广度不大，教材内容设计不合理，解决实际问题的能力差。

（二）由教师知识存在的问题引申的教学实际问题

由于体育学习是以运动实践或身体练习为主的学习，其运动技能的学习往往被体育教师视为理所当然的主要内容。因此，在运用教学方法时，一般把体育教学的目标定位于“技术”二字上，将教学的重点放在运动技能的教授和指导上。很少有教师以认知活动为主线设计教学方法，教学实践中习惯于“以教为中心”即“教师说，学生练”的教学模式，没有考虑如何将“教”真正转化为学生主动地“学”。甚至很多高校体育教学在不断地、机械地重复中学已学过的内容，如田径跑跳投、体操的单杠技巧。再者，由于体育教师哲学、社会学、管理学等方面知识的缺乏，特别是对综合学科与交叉学科了解甚少，造成许多体育教师教育观念的偏差。

当前，教育的结构性调整的重中之重就是教师自身知识结构的调整。前面我们提到，体育教师的知识是他们系统专业学习和实践中经过思维加工后形成的知识体系，它是体育教师教育教学行为的前提条件。高校体育教师知识结构的完善主要表现在对三个层次上的知识的学习、掌握与运用。但是，从对教师知识来源的调查结果分析，我们得知，体育教师教学知识结构不合理、不完善等现实状况，至今仍未引起广大高校体育教学工作者的足够重视，体育教师现有的知识结构也已经不能适应这样的要求，迫切要求作为教育结构调整的实际承担者和参与者的教师，必须对自己整体知识结构进行重新建构。

三、普通高校公共体育课教师知识结构的现实建构

（一）普通高校公共体育课教师知识建构的特点

1. 开放性

之所以说体育教师知识有其开放性特点，主要在于知识是一种开放的体系，是在特定的社会背景下形成的，在各门学科、各类知识之间相互渗透、相互交叉，从而构成一个复杂的生态系统。知识的这一特性使得知识本身充满生机与活力，成为一种独特的意识现象不断地走向丰富与完备。

众所周知，高校学生不仅生活在学校之中，也生活在社会之中。因此，体育教师首先要理解社会对体育教育的要求和期待，将教授的目标转化成学生学习的目标。其次，体育教育要关注人的发展，特别是关注人的体质的发展，因为强健的体魄是一切思想、智慧、能力的载体。

2. 动态性与过程性

普通高校公共体育课教师的职前知识背景会影响到职后知识的学习，而这种知识背景有着丰富而广泛的含义，它包括各种来源不同的、以不同的表征方式存在的知识经验，是一个动态的、整合的经验体系。教师知识是一个动态的发展过程，教师知识的动态性、过程性可以从三个方面来阐述。

首先，持续地追求完全的体育教师知识。从体育教师知识掌握的对象来说，体育教师从一位新教师到成长为一名成熟的专家型的教育教学专家需要一个逐步发展的过程，要经历一系列不同的专业发展阶段，是一个螺旋式上升的持续不断

的过程。体育教师知识结构的提高需要根据其发展的不同阶段所面临的问题和需要来进行，这就要求现代的体育教师教育及培训机构必须适应现代社会的需求，根据体育教师教育的不同起点和需求，确定不同的培训内容和形式，由当前只重视职前培养，转向强调教师教育一体化的培养模式，加强促进体育师范生的专业发展及在职体育教师的专业发展，使体育教师专业不断趋向成熟。

其次，努力成为体育教学工作的促进者和引导者。普通高校公共体育课教师与体育课程之间是共生、共建的关系，教师与课程改革共同成长和发展。体育课程改革推动着体育教师观念和知识的更新，体育教师行为与知识的不断更新又决定着课程改革的进程和成败。体育课程改革中，教师不再只是课程的执行者，而是课程的建设者、调试者，是体育课程实施中问题的协商解决者；教师角色行为也发生了变化，他将不再只是知识的传授者和管理者，而是学生运动技术发展的促进者和引导者。由于体育教师缺少相应的教学知识结构，参与体育课程改革并不习以为常，通过调整体育教师相应的教学知识结构，优化课程知识，按要求参与到体育课程改革中，接受体育课程设计与发展对体育教师知识结构的挑战。

再者，力争成为创造性学习的促进者。随着社会和教育思想的变迁，教师角色定位经历了一个由“长者即教师→有文化知识者即教师→教师即文化知识的传播者→教师是促进者”的认识发展过程。也就是说，进入现代社会后，社会的发展主流是知识经济、社会以信息化和学习化为标志，教师的作用也得到进一步的拓展，教师要成为“创造性学习的促进者”。

（二）普通高校公共体育课教师知识建构的基本理论

1．建构的价值取向

普通高校体育教师知识建构的价值取向，应该是“以人为本”。即在普通高等学校体育课程教学指导纲要的指导下，体育教师知识的发展取向，除了原有对“物”的教学下形成的教学的课程知识、内容知识与方法知识这个必不可少的层面继续深挖以外，还要别开生面地从引导学生成为研究者、教师教学案例分析两方面来对“人”进行教学，并以此为突破口挖掘与构建普通高校公共体育课教师知识结构。

2. 建构的基本原理

系统论中著名的“木桶理论”指出：一个用若干木板箍成的木桶的容积不取决于最长的而取决于最短的那块木板。根据这个木桶理论，我们意识到在教书育人中，最短木板的巨大威胁，并针对最短木板进行提高。该找的短板找到了，该补的短板补齐了，然而并没有质的飞跃。原因何在？我们不妨重新审视木桶的结构，就会发现木板的长短固然决定木捅的容量大小，但还有两个极易被人们忽视却又至关重要的因素，那就是——底板和桶箍。底板决定了这只桶能否容水和容量大小，也就是教学知识中的核心层，核心层中知识的增加与巩固自然就能增加整体教学知识。桶箍的妙处在于它能把一堆独立木条联合起来，紧紧地排成一圈，使木条之问紧密协作，形成一个共同目标。这个桶箍就是科学素养和人文素养等与核心知识紧密相连的紧密层。唯有教师自身具有了人文素质、科学素质，才能不辱使命。业务素质有了坚固的底板，紧实的桶箍，最短木板就成了决定木桶容量大小的关键。体育教师知识的拓展层就好比木板。木板参差不齐，把板子摆在地上，根据板子的长短重新组合成几个高低不同的木桶，总容量就增大了。

3. 建构的基本原则

(1) 完整性原则。

由于教学是一种极其复杂的活动，教学中存在着广泛的对话，在这一过程中，教师的各种知识之间常常互相联系、互相影响，难以做细致的区分。在体育改革的过程中，体育教师只灌输运动技能是远远不能满足当代大学生的需要，必须在注重教学知识的基础上加强与体育相关的边缘学科和交叉学科的结合。大量的实践证明，在体育教学活动中，只有将体育教师的各种知识相互融合，才能达到最佳的教学效果。我们经常会发现，体育教师在备课时，常常不花过多的精力去考虑学科知识本身，而是考虑如何把这些知识教给学生，让学生更好地掌握，其实这反映了体育教师自身知识的融合性，即当体育教师对这一专业达到娴熟的状态时，教师的知识是自动的，教学时不需要过多地思考。

(2) 系统性原则。

根据未来体育教师知识发展的特点、教育和课程改革中出现的问题及课程设置的综合化、教学内容的社会化、教育技术的现代化可知，单一化的教师知识结构势必要被多元化的教师知识结构所取代。体育教师只有具备系统的核心层知识、紧密层知识以及拓展层知识，讲课才会有感染力，课堂才能生动活泼、充满活力。

(3) 实用性原则。

普通高校公共体育课教师教学的对象是大学生，每个学校教学设施、教学环境与学生背景各异。所以，应根据人才培养者——大学生的需要不同，结合自身专业特点、切合实际需要、有针对性并且行之有效地完善自身教师知识结构；应根据实践教学发展变化的需要，与时俱进、自主探索、总结或是在外来模式的启发下对教师教学知识结构进行改造创新并适时地调整。

(4) 适应性原则。

普通高校公共体育课教师知识的建构不是一成不变的，随着教育环境的变化，教育改革、课程改革的深入，教师的知识要随之深入并进行适当的调整与改进，教师也是终身学习者，多反思、善于积累、不断交流，根据课堂的实际状况选择并发展形成便于实施的自己所特有的一套教学知识。

(5) 超前性原则。

基于高度信息化时代的特点，普通高校公共体育课教师教学知识的建构要适应全球电子化生存方式的挑战，必须保持适度超前，掌握最新的学科知识、教育技能，形成创新意识和创新能力。

(三) 普通高校公共体育课教师知识建构的方法与途径

1. 强化核心层知识

(1) 持续加强专业基础知识。

前面研究已经表明这一层知识的来源主要是职前教育，师范体育院系的教育直接影响着核心层知识的强化，优化体育院系的课程设置是强化核心层的最佳途径。研究也已经提到，仅有的职前教育满足不了现状，加强专业基础知识还需在职后加大培训力度，针对普通高校公共体育课的特点，重点培养所教课程的基础知识，真正将专项理论与技术知识融合到实际教学中去，用最通俗的语言表达出来，让学生做到心领神会。

(2) 不断完善体育理论与身体锻炼知识。

体育理论不仅体现在体育的本质、目的和任务这些概述性的理论方面，更多地体现在人体技能变化活动规律、身体练习原理、运动锻炼保健卫生等方面的理论。高校体育除了对我国体育方针、政策、体育制度等的学习和高等学校体育教学的基本原理、方法等知识了解和掌握外，还需要全面地学习和掌握以下几个方面的知识：一是体育文化在特定历史时期的内涵及其在教育中的功能，体育人文精神对社会、经济的影响等；二是体育锻炼育人诸个方面的关系，不同人群身体锻炼适宜的负荷、项目以及锻炼的卫生，身体锻炼行为的方法、策略等；三是业余训练有关的理论和知识。

另外，体育教师还应该掌握运动学方面的基本知识和基本动作原理，以便在教学中对原有的竞技运动技术进行改变、编排以适应学生的特点。

(3) 重点改善体育基本技术、技能知识。

众所周知，体育基本技术、技能知识运用到教学中务必要进行动作示范，动作示范能力是学校体育教师有别于其他教师的一种特殊能力，是直观性原则在体育课堂教学中的具体表现。体育教学的目的是使学生学习并掌握一定的运动技能，而学生运动技能的学习需要直接的感性经验做支持。教师示范的目的是要使学生通过对教师形体动作的观察，在头脑中形成清晰的记忆表象，并使之“内化”，经过思维的加工，建立起正确的动作概念。因此，教师的每次示范都应明确所要解决的问题，比如“示范什么”“怎样示范”等都要根据教学任务、教学步骤以及学生可能接受的具体情况而定。

研究表明，普通高校公共体育课基本技术、技能知识也是以职前教育为主，体育院系的课程设置直接影响着这一知识的改善。随着课程改革的深入，新兴项目的出现，普通高校公共体育课教师应依据自身爱好及自身身体素质参加不同项目的培训班，依据不同学校、不同地域的需要，与同事之间进行交流和有组织的教研活动，并把在教学过程中遇到的问题重新反馈到同事之间、各教研室之间，通过讨论、查阅专业书刊及相关网站，使知识得以升华。

(4) 发展体育学科教学知识。

首先，在对体育教育专业学生的培养和体育教师的培训过程中，一定要加强体育学科教学知识内容的学习，在学生实习和教学实践中不仅能建立一般的体育教学知识，还能发展体育学科教学知识。

其次，根据新课程的要求和学校体育的发展，普通高校公共体育课教师应把握教学知识的来源，积极主动与同事交流，根据本校特点学习并掌握所教内容的基本理论与技术动作，打破以前隔行如隔山的思想，充分利用自己的优势发展新兴项目。

再次，学会制定相关项目的教材大纲，使学习内容不仅具有时代特色而且实用，掌握具有中国传统文化特色的项目。例如：通过武术这一内容的教学，使学生了解中华传统文化源远流长的脉络，感悟在武术文化中的人格力量。

最后，从不同内容所形成的结构出发，选择和确定内容。对体育教学内容深入研究，正确认识掌握合理的体育教学内容结构，明确教学内容的表面形式与教学内容的结构、功能的关系，从根本上改变体育教学的竞技教育局面，防止对体育认识的片面性、单一化。

(5) 不断提高体育科研水平。

积极参与体育科研课题的研究，提高体育理论水平，促进体育教师积极主动学习各方面知识。通过量化科研成果，督促公共体育课教师将教学反思总结并发表，以此来完善体育教师的教学知识。

2．拓展紧密层知识

(1) 加强对体育课教学设计能力的学习与研究。

首先，教学是教师与学生不断发现和创新的过程，课堂如同一片流动的云，一团燃烧的火。教学设计、教学目标只是揣在心中，作为一种意识形态而存在。在实际的教学过程中，教师应在与学生的交流中，因时、因地、因情境不断地修正预定的计划。再者，要上好课首先要备好课，教师要在钻研教材、了解学生、规划教法的基础上编写好教案。同时，应该对每次、每一个单元进行教学设计，每次、每一个单元后都有小结，及时地记录教学中出现的问题与经验。

(2) 加强对体育课教学创新能力的学习与研究。

随着社会的发展，普通高校公共体育课教学改革的不断深入，有些教学方法已不能适应当代高校公共体育课教学的需要而出现各种弊端。改革传统的体育教学方法应取其精华，舍其陈腐，以适应现代体育教学。同时，新的教学思想、教学观念、教材和教学目标，必然要有相适应和配套的教学方法。这就需要普通高校公共体育课教师能经常去听公开课，甚至听取体育教师以外的公开课，与同事、专家交流，从实践中得到启发，从理论研究中创新教学方法。

(3) 不断反思并总结体育教学实践经验。

首先，要全面地看待教育中的种种问题，不仅要善于抓住某个教育问题的一般的基本框架，而且要不遗漏有关的重要细节和主要因素。

其次，要深入到教育事物的内部，把握住事物的本质及核心部分，抓住事物的关键所在，揭露事物的根本原因，并且善于预见事物的发展进程和结果。

再次，教师要善于组织各方面的知识、事实，根据事物发展变化的具体情况随机应变，及时提出各种不同的思想、假设、办法和方案。

最后，教师应能迅速地对外界刺激做出反应，迅速地意识到存在的问题，并能找出解决问题的正确途径和方法。

3．扩大拓展层知识

(1) 加强教育科学理论知识的培养。

体育教师要把学科知识最有效、最大限度地转化为学生的知识经验，取得最佳的教学效果，就必须在教育科学理论方面有较深的造诣。因此，普通高校公共体育课教师应加强教育科学理论的学习，系统地学习教育原理、课程与教学论、学科教学论、儿童心理学、学校卫生学等教育科学知识，深入研究和掌握教育规律、知识的内在规律及学生的年龄特征和心理发展规律，还要及时了解和掌握国内外教育改革的成果和动态，并加以吸收借鉴，从而用于指导体育教学实践。

(2) 丰富自然科学、社会科学与人文科学知识。

体育教育是一门综合性的学科，它所包括的学科范围既有社会科学知识，如政治思想、教育学、教育心理学、法律学等；又有自然科学知识，如运动医学、解剖学、运动生理、生化、保健学、运动生物力学等。因为体育教育的学科范围远大于其他学科教育，从客观上要求体育教师要具有较丰富的科学文化知识。

此外，由于当今世界新兴学科和边缘学科的基本理论知识不断渗透到体育学科中来，体育教学最新动态发展出现了以现代科学为特征的许多新的概念、理论、技术，产生了许多新的体育形式，教育、教学、训练和锻炼的新手段、新内容，以及测试、评估的方法等，普通高校公共体育课的教师必须通过继续教育不断完善和充实自己的知识体系。

(3) 掌握和运用现代科学技术知识。

随着时代的发展和科学技术的进步，越来越多的现代教学手段进入体育教学领域，投影仪、数码摄像机、多媒体等已逐步应用于体育课堂教学，作为一名高校体育教师，若要适应新时代的教学工作，就必须具备电化教学的能力，这是新世纪体育教学工作对一名合格的体育教师提出的基本要求。

第三节　体育教师威信的树立与教学风格的确立

一、体育教师的威信及其形成

苏联教育家加里宁指出：“如果教师很有威信，那么，这个教师的影响就会在某些学生身上永远留下痕迹。”实践证明，教师的威信对教育效果影响很大，威信越高，越能发挥教师在教学过程中的主导作用。

（一）体育教师的威信及功能

什么是威信？威信是威与信的有机统一，是人与人，特别是领导者与被领导之间的一种心理关系的反映。在学校里，教师的威信是师生之间心理交往的结果，是教师在学生心目中的威望和信誉。如果教师有威信，学生对教师的教导就会产生积极、肯定的意向，对他的讲授、示范和辅导会主动自觉地接受，学习表现得刻苦认真。相反，没有威信的教师，在学生的心目中是没有地位的。对他的教导学生往往会持消极、否定的态度，表现出兴趣不浓或阳奉阴违，甚至是当面顶撞。所以，一般来说，教育的效果是随教师威信的高低而转移的，威信越高，教育效果越好，对学生的影响越大。

教师威信的功能与作用主要表现在以下几个方面：

1．在认识上，学生确信教师影响的正确性

由于教师是经过严格、系统训练的人，一般情况下，学生会认为教师所讲的知识是真实的、科学的。对教师的教导乃至日常的言行，都往往不加怀疑的予以承认，自觉主动地予以接受。

2．在情感上，乐于接受来自教师的影响

学生容易把教师的要求转化为自己的主观需要，反对任何不尊重教师教导的人和事，他们对教师的表扬和批评，往往能引起深刻的情绪体验。所以，教师不论是表扬或批评，对学生的行为都具有正、负强化的作用，有利于学生巩固优点，克服缺点，不断进步。

3．在行为上，具有榜样的作用

有威信的教师往往成为学生心目中的楷模和理想人物，成为学生模仿的榜样，甚至教师的仪表，走路的动作、姿态，说话的语气等都可以使学生产生有意模仿。同时，教师的威信还能使学生雷厉风行地按教师的要求行事，并在行动中表现出种种优良的意志品质。

教师的威信除具有上述功能外，还具有深度和广度之分。例如：有的教师在

品德、学识、能力等方面都有很高的威信，这样的教师自然是学生心目中的榜样；有的教师只在某一学科方面是专家，享有声誉，但在其他方面不一定有威信；有的教师在大部分学生中有威信，在少部分学生面前没有威信；有的教师在少部分学生中有威信，而在大多数学生面前没有威信。上述情况与教师对学生接触面的宽窄、期待和关心有关。当然，教师对所有学生的各个方面都发生深刻的影响，获得普遍的尊敬和爱戴，这种情况在其他学科也许有困难，因为其他学科的教师接触的学生十分有限。但对于体育教师来说是有这个条件的，因为体育教师的接触面相对较广。所以作为体育教师应充分利用自己的有利条件。加强自身各方面的修养，努力在全体学生面前树立起威信，对学生产生积极、深远的影响。

(二) 体育教师威信的形成

体育教师的威信受诸多因素的影响。首先，党和国家对教师的态度、对体育事业的重视程度以及社会对体育教师的舆论是教师的社会地位和威信形成的基础。其次，教育行政机关、学校领导对体育工作的重视程度、对教师的态度，学生及其家长对体育教师的态度直接影响威信的形成。再次，当体育教师在社会上取得相应地位后，其威信的建立就主要取决于自身的条件，包括思想政治觉悟和道德品质、广泛的兴趣、渊博的知识、熟练的专业技能、教学组织能力、良好的人格特征、对学生的爱护、关心和期望等。这是体育教师获得威信的主观条件。值得注意的是，教师的威信是在长期与学生相互交往的过程中形成的，教师在教学中经常不断地满足学生各种合理的需要，是在学生中建立威信的心理基础。关于教师自身条件对威信建立的影响，社会心理学家伯鲁曾做过研究，认为这种影响主要有三个方面：

第一方面是教育者的态度(可信任因素)，包括公正一不公正；友好一不友好；诚恳一不诚恳。

第二方面是教育者的业务水平(专业性因素)，包括有训练一无训练；有经验一无经验；有技术一无技术；知识丰富一知识欠丰富。

第三方面是教育者的表述能力(感染性因素)，包括勇敢一胆怯；主动一被动；

语调坚定－语调软弱；精神饱满－疲倦乏力。

体育教师的威信，虽然最终取决于自身的条件，但对不同年龄的学生，这些条件所起的作用是不同的。

年龄较小的低年级学生由于评价教师表现的能力差，他们与教师的交往突出地反映在情感方面。很少分析和评价他们的教师思想如何高尚、知识如何渊博、教学能力怎样，而是对教师活泼开朗的性格、讲课的趣味性、是否爱学生、是否严格要求等表示关心。在这些方面，如果教师予以注意很容易获得学生好感，建立起威信。

中、高年级的学生随着思想认识水平的提高，思维活动的独立性、批判性的增强，对教师提出了新的、更高的要求。这时，学生对教师的态度与道德品质、业务水平、教学能力、教学方法、广泛的兴趣等方面往往会进行重点评价。因此，教师这些方面的表现，就成为学生决定教师威信的重要心理依据。

要建立威信，教师留给学生的第一印象十分重要。研究表明，新教师上任应注意做好“四个第一”。

1．要准备好和学生的第一次见面

与学生第一次见面，外表和仪容留给学生的印象是深刻的。如身材、长相、衣着、发式、语调、谈吐、态度、举止等。学生往往会根据外表来决定与教师交往的态度以及行为方式。所以，初次见面，适当的修饰是必要的，其目的是给学生留下一个好的印象，一种亲切感。千万不要用严厉的面孔、高傲的态度树立自己的“威信”。

2．要准备好和学生的第一次讲话

新教师初次走上讲台或操场，全体学生会目不转睛地、好奇地注视着你，他们要从你的第一次讲话中来评价你的“水平”，以便把你放在他们心中适当的位置上。有些调皮的学生甚至会用特殊手段来对你进行“火力侦察”，以求了解新任教师的知识水平怎样，性格特征“凶不凶”，处理问题“是否老练”，“能耐”究竟有多大，以此作为今后与之交往的心理依据。不少学生还会从你的第一次讲话中预见班级的未来，预见自己专业方面的发展。可以说，第一次讲话的成败，对今后顺利开展工作有重要的影响。因此，新教师的第一次讲话应做好充分准备，讲话的内容要切实而新颖，言辞准确而幽默，表达流畅、热情、富有感染力，时间不宜过长。最为重要的是，要善于扬长避短，坚信自己一定会成功。

3．要准备上好第一堂课

新教师的第一堂课具有举足轻重的地位，它直接关系到学生对你的看法，今后对你这门课的态度与兴趣。因此，怎样上好第一堂课，是对新教师的一次严峻考验。而要战胜考验，取得学生的依赖和尊敬，首先要认真备好课，充分掌握教材和熟悉动作，考虑学生的身体状况和原有技术水平。然后把两者融会起来，进行认真细致的研究，确定你上课的方法和程序。其次要注意把握“精讲多练”的原则。“讲”要抓住要领、关键。“练”要根据场地、器材、学生人数进行合理的安排，要使整个课堂散而不乱，收放自如，使每个学生在有限的时间里都得到充分的身体练习。

4．要谨慎地处理好与学生的第一次冲突

矛盾与冲突无处不在，对教学经验不足的新教师来说，冲突更是不可避免。但怎样处理好与学生的第一次冲突，将直接影响到学生对你的评价和依赖。研究表明，中学生最气愤的是教师不理解他们的心情，最讨厌处事不公的教师。因此，面临冲突，教师一定要冷静，要从学生的角度去观察和思考，设身处地地公正对待和处理。不论学生有多大的过失，也不论你有多么充足的理由，都不能以教师的身份武断专横。要知道，暴跳如雷，大声训斥，有意惩罚等做法，在学生看来都是教师无能的表现，对教师威信的建立可以说是有百害而无一利。

（三）体育教师的领导方式

教师的领导方式就是教师对学生的接触方式，也就是大家平常谈及的领导作风问题。关于这个问题，国外的研究认为最基本的类型有三种：权威式、参与式和放任式。下面介绍利皮特和怀特的研究(表 2-3）。

表 2-3　三种领导类型及其特点

	权威式的领导	参与式的领导	放任式的领导
决定权	一切方针都由领导人决定	一切方针都在领导人协助下集体讨论，然后做出决定	任凭集体和个人的自行决定
对未来的展望	活动的安排每次都临时决定，成员对未来没有什么展望	通过讨论，每个人对活动远景做到心中有数，工作方法由领导人提出几种，由集体从中选定	有了疑问领导人才就爱你过奖，关于活动一概不参加讨论或提出意见
分配任务的方法	领导人给成员分配任务，合作者也由领导人决定	任务的分配和合作者的选择均由成员讨论决定	领导完全不过问
所属成员的关系	对工作的评价采取感情用事的批判态度，平日完全脱离群众	采取客观的实事求是的态度评价活动及其结果，尽量使每个成员都发挥自己的作用	如果不出问题，领导人对活动及其结果不置可否

权威式的领导方式管教是十分严厉的，其特点：一是老子天下第一。个人说了算，权力集中在领导者一人手中。二是体罚或变相体罚。这种情况在我国虽严加制止，但在某些教师身上仍不时有所反映。如罚站、打手心、罚抄作业、罚跑步多少圈、罚俯卧撑多少个等。这种做法的结果只能是师生关系紧张，滋长学生的对抗情绪，养成学生阳奉阴违、说谎等不良习惯。三是辱骂和训斥。对学生不是采取耐心细致的说服教育，而是动辄训骂学生，致使学生丧失自信与自尊，有时甚至激起全班学生的“公愤”。四是向家长告状。有的教师在专制不能奏效时，就采取向家长告状的方式，希望通过家长向学生施加压力。权威式领导由于不尊重学生的个人需要，不去发展学生的独立自主精神与创造力，导致学生缺乏主见，缺乏相互的协作，事事依赖于教师，其行为多是消极被动的，学习效率也极低。而且，在专制者的领导下，班级的气氛紧张，潜伏着日益增长的不安定因素，一有机会，便会爆发攻击行为或骚乱。

参与式的领导方式。这种类型的教师重视社会、心理因素，充分理解和尊重学生，师生关系融洽。整个集体亲切、和睦、互相帮助，学习活动具有高度的自觉性和独立性，即使教师不在场，学生也会认真地对待作业和练习。工作效率高，对作业成绩不是等待教师的评定，而是希望得到同伴们的赞赏和鼓励。

放任式的领导方式，表现为教师缺乏工作责任感，对学生的学习和行为不闻不问，听之任之，或对学生的错误倾向教育不力、不及时。在这种领导方式下的学生，士气不振，情绪低落，工作散漫，效率极低。同时，由于缺乏目标，学生不知道该做什么和怎样去做。因此，有的学生变得急躁，有的学生对教师感到失望，采取对立态度，有的甚至表现为富于攻击性。

由此可见，不同的领导方式，在班级气氛、师生关系、学习效果、进取目标等方面有显著的不同。但需要指出的是，国外的研究并不完全适用于我国。我国是社会主义国家，贯彻和坚持的是民主集中制，在现实生活中，没有集中的民主型领导实际上是不存在的。

二、体育教师教学风格的形成

（一）体育教学风格概念与特点

1．体育教学风格

从心理学的角度认为教学风格即是教师在长期教学实践中形成的稳定一贯的个性特征及教学行为。教学风格的概念是宽泛的，没有学科界限的，反映了优秀教师教学上的一定共性。但是，对于不同学科的教师的教学，却又有着各自不同的特点。体育教学风格实质上是体育教师在科学的教学理论指导下，通过长期教学实践的探索和追求，逐步形成并通过完美的体育教学活动、教学观点、教学方式方法、教学技巧、教学作风、教学效果等方面综合体现出来的、稳定的、具有独特个性的教学特点与审美风貌。而且是体育教师对教学过程的个性化理解，以及特有的处理方式在课堂教学行为中的具体体现，是体育教师的教学理念与教学行为相一致时的外部表现特征。

2．体育教师教学风格的特点

教学风格的特点是体育教学风格本质的外在表现，只有真正认识和准确把握教学风格的基本特点，才可使教学风格成为每个体育教师在教学实践道路上的自觉追求。综观各专家学者对教学风格基本特点的研究，笔者认为教学风格的基本特点有四个方面：独特性、高效性、稳定性、发展性。

第一，独特性是体育教学风格的首要特点，是体育教师在教学活动中区别于他人的主要标志。独创是风格的生命，几乎所有优秀体育教师，他们成功的主要原因就是在教学上都具有某种特别迷人的地方。教学风格之所以具有独特性，首先，是由体育教师主体的独特性决定的。每个体育教师都有不同的生活经历、不同的个性特征、不同的知识结构、不同的爱好、不同的习惯等，这种主体自身的独特性就决定了教学风格的独特性。其次，体育教学风格的独特性，还取决于体育教学客体的独特性。

第二，高效性是构成体育教学风格的基本内涵，是体育教学风格的功能所在。由于体育教学风格具有鲜明的艺术特征，对教学情境具有渲染作用，特别是对学生的学习主动性和创造性具有强烈的刺激作用，从而使得学习更加高效。

第三，稳定性是体育教学风格的基本特性，但是，这种稳定性仅仅是相对意义上的，因为教学风格的稳定性并不意味着体育教师在教学艺术追求上的固步自封、停滞不前，更不是没有创造性可言的单纯重复。

第四，成熟的体育教学风格，还具有发展性的特征。任何事物的稳定性都是相对的，发展性则是绝对的。体育教学风格虽然具有稳定性，但这种稳定性是建立在发展的基础之上的。

（二）良好教学风格的确立

1．把握当代体育教学理论，及时了解体育教育改革的趋势

这是培养教学风格的基础。体育教师必须系统地掌握现代教学理论，并将这些理论运用到体育教学实践中去。在体育实践中发现新问题，解决新问题。而体育教学理论是一个巨大的知识体系，教师不能仅仅满足于学过教育学和心理学，应该以它们作为基础，不断学习和掌握教育理论体系中的其他学科，同

时，体育教师还应全面把握改革和发展的趋势，从先进的教育实践中借鉴新经验，新思路。

2．钻研并充分熟悉教学内容

这是培养教学风格的前提。教师把握教学内容有三种境界：一是知。知是知道某一知识点或者技能单元的细节。这是教师钻研教学内容所达到的最低层次。二是通。通就是知的基础上对知识的融会贯通。即教师在体育学科的范围内，弄懂了技能的知识点与其他知识之间的相互关系后，用学生掌握的知识说明新知识。这是教师钻研教学内容中所达到的中间层次。三是合。合就是将融会贯通的体育学科知识与广博的多学科基础知识结合在一起，使它们互相印证、互相促进。这是教师钻研教学内容的最高层次。

3．注意改造教学的习惯

在体育教学实践中，有的教师以“严师”自居，教学中执行“严格”的纪律，导致课堂上的气氛沉闷；有些教师喜欢做示范，不给学生充分的练习的时间等等。这些只是体育教学方面的“习惯”，而不是“风格”。这些习惯唯有通过合理的改造才能转变为风格。教师在改造教学习惯的过程往往是一个痛苦的过程，需要具有坚强的毅力。

4．培养教学的技巧

在体育教学过程中，要能灵活而恰当地应对各种事件、能高效率的完成教学任务的教学活动方式。例如教师用眼神对学生课堂上的行为进行肯定或否定、教师以自己的欣喜对学生的成绩加以赞赏而使学生体验成功的喜悦等，都是教学技巧。培养这些教学技巧的过程中，需要教师充分了解并利用自己在知识结构、一般认知特征、意向性特征和个性心理特征等方面的长处，学会在教学中扬长避短，以长补短。只有将各种具体的方法升华为一种运用灵活的技巧才有可能将教学风格达到炉火纯青的地步。

第四节　体育院系教师专业发展

一、教师专业发展的内涵与规律

（一）教师专业发展的内涵

20 世纪 80 年代，随着人类所掌握的知识越来越多，为了更好地教育人才、完成知识的传承，人们对教师的专业素质越来越关注，教师专业发展和提升也成为当代教育需要解决的一个核心问题。由于传统教育的模式存在很大的弊端，因此人们对新的教育模式和教育手段充满了希冀，将改善教育质量、促进学生全面发展的愿望寄托在课程改革以及教育改革之上。作为教育工作直接参与者，教师的专业素质和教育水平，直接关系到教育改革的最终成效，可以说没有教师的专业发展，就谈不上学生素质的提高，也谈不上教育的发展改革。因此，关系教学质量的教师专业发展是教育发展和改革的关键因素。

至于“教师专业化”的内涵是什么？理论界就此问题迄今没有一个明确的定论，但分歧不大。在英国，人们将教师所具备的专业能力分为三个主要部分，即知识、技能以及价值信念。这三个部分分别从教师的知识储备情况、教学能力水平以及职业道德素养三个方面对教师的专业能力进行了概括，这三个方面是相辅相成、缺一不可的，三者如同三个牢固的支点支撑着教师专业能力的发展，缺少任何一个方面，教师的专业发展都不可能顺利的发展。英国人对于教师专业能力的认识，是人们对教师专业认识的一个缩影，因为它囊括了教师专业发展的三个基本内容。

“教育专业知识”是教师通过学习与工作实践获得实用性的专业知识，它是教学内容的重要组成部分，也是教师基本能力的一个体现；“教育专业能力”是教师在工作实践中，组织开展教学活动，通过言传身教对学生形成影响的能力，它直接关系着教师的教学效果；“教育专业精神”是在教学过程当中坚持自己的教育思想，坚持自己的价值关键，在教学中时时刻刻以教师的标准来规范自己的言论和行为，它是教师职业素质的基本体现。

显然，“教师专业化”是个内涵不断丰富的过程。如前所述，早在20世纪60年代，国际劳工组织和联合国教科文组织提出的《关于教师地位的建议》就以官方文件形式对教师专业化做出了明确说明，提出“应把教育工作视为专门的职业，这种职业要求教师经过严格的、持续的学习，获得并保持专门的知识和特别的技术”。据刘捷博士在《专业化：挑战21世纪的教师》一书中的看法，教师专业是“一个形成中的专业”。他认为：“要成为一个成熟的教育专业人员，需要通过不断的学习与探究历程来拓展其专业内涵，提高专业水平，从而达到专业成熟的境界。”从一定意义上说，我觉得顾明远先生关于教师专业化的论述颇为精辟。他在《教育现代化与教师专业化》一文中指出：“教师的专业化至少包括以下几个方面：经过教师教育专业训练，取得教师资格证书；有较高的职业道德，敬业爱生；有终身学习的意识，不断进修学习。”

由此看来，对教师专业化的学术定义已经不少，但它的内在专业结构可以包括四个方面：一是强调专业知识；二是强调专业能力；三是强调专业精神；四是强调自我专业意识。这是一个成熟的教育专业人员应具备的四大专业素养，也是教师专业化的四大支柱。

（二）教师专业发展的规律

1．教师专业发展的前期积累

知识的积累是每个教师在自己成为一名教师之前都要经历的一个阶段，通俗来说就是教师在任教前的知识积累和基本能力培养阶段。这一时期，教师大多处于受教育的阶段，他们还没有成为一名真正的教师，该阶段的教育对他们成为教师之后的专业发展有着重要的影响。

在这一阶段，教师需要完成的主要任务是积累自己的专业知识，并学习如何组织教学，完成整个教学过程。这一阶段，教师没有真正的教学经验，他们对自己的职业和未来充满了希望和憧憬，并愿意为此而奋斗。在这一时期，教师所形成的职业观对他们将来的职业生涯发展有着十分重要的影响，学校要正确加以引导，帮助他们树立起强烈的职业自豪感。

2．逐渐成熟，适应教师角色

在教师参与工作后的最初几年，他们会经历有青涩到成熟的过程，完成从学生向老师的转变，在教师职业发展中我们称这一时期为“磨合期”。在磨合期内，教师会将自己的专业知识和教育教学理论进行实践应用，当然在这个过程中他们刚开始肯定会存在很多不适，当然随着教学经验的增加和实践机会的增多，他们肯定会逐渐适应自己的角色，并逐渐成熟，成长为一名合格的教师。

在学生阶段，教师大多学习的是理论知识，并不会过多的涉及实践应用，因此他们在刚开始接触教学的时候，肯定会存在很多问题，并犯一些看起来比较幼稚的错误，如果这时候得不到其他人的帮助，会对他们将来的职业发展产生非常消极的影响。但是在这一阶段，由于他们思想活跃，很多创造性的方法被用于教学，他们的积极和热情也不断为其干好自己的工作提供着源源不断的动力。

在磨合期内，如果教师不能顺利度过，他们将会对自己的职业选择产生动摇，对教师这个职业失去自己的向往和追求。由于经验的匮乏，失败和沮丧往往伴随着他们的职业生涯初段，这时他们最需要的是大家的理解和帮助，无论是朋友、亲人还是周围的同事，都应该尽力去帮助他们度过这个最困难的阶段，帮助他们树立信心、克服困难。如果在大家的帮助下，他们通过自己的努力顺利度过这一阶段，他们会对自己的未来充满信心，对自己的职业选择感到骄傲，这种感受会激励着他们一直在教师岗位上发展下去。

3．专业迅速发展逐渐进入平稳状态

教师度过了适应期之后，决定留任的教师逐渐进入专业成长的迅速发展阶段，而后步入稳定时期。在这一阶段，教师专业信念随着教学知识和经验的积累而逐步确立，不再在多种职业之间犹豫不决，而决心投身于教师职业，并把主要时间和精力投入到教学工作与专业研究之中，专业能力会进入一个迅速发展提高的阶段。

随着实践知识和智慧的逐渐增长，教师的情境性知识和功能性知识日趋丰富，有些专业发展较快的教师，逐步摆脱了教学常规的羁绊，将教学规则内化，能够以更加丰富和灵活的手段将自己的专业知识教给学生，并逐渐形成自己的教学风格和专业形象，可以说这一阶段是教师专业发展最为迅速的一个时期。

在教师专业发展过程中，由于个人能力和教学特点的影响，并不是每个人都能够轻松的处理自己在专业发展过程中遇到的各种问题，也不是所有教师都能完美的处理在教学过程中遇到的各种问题。这些问题，有些与教师个人能力有关，有些并不是能力达标就能够解决的，因为教育者的教学分割、教学特色以及个人性格等因素都能够对这些问题产生影响，这一点我们要有一个明确的认识，并不能简答的将他们归结于教师能力的不足。

4．进入瓶颈，专业发展停滞或退缩

经历了迅速发展与稳定时期后，教师发展和成长路线逐步表现出差异性和多样性。工作多年之后，教学的新鲜感和成就感消退后，年复一年的单调、乏味、重复的教学生活使他们对自己选择的职业产生怀疑，很多教师会对教学和自己的专业发展产生厌倦情绪，失去了教学和专业发展的积极性。

经过多年专业发展，教师教育经验日趋丰富，教学专业技能日益娴熟，但是在达到一定高度后就难以再提升，从而逐步进入瓶颈阶段，这时教师的专业发展很容易陷入停滞，甚至产生缩颈。从成因上来看，教师的倦怠情绪是其中一方面；另一方面则是因为很多学校缺乏公平合理的竞争机制、学校氛围封闭、教师文化孤立保守，必然导致教师专业发展动机缺乏，教学上固执己见或自我防卫，教学智能停滞不前，教学也变得例行公事、缺乏质疑。

5．突破瓶颈，持续发展

经过迅速发展和稳定阶段之后，教师专业发展速度变得相对减缓，然而一些教师却在强烈的职业发展动机和良好的发展环境支持下，在合理而有效的教师教育模式和策略促使下，一直保持着持续发展状态。也有部分教师虽经历了发展的“高原期”或停滞和退缩阶段，但经过个人的主观努力和多方面关心、协助，也能突破高原现象，实现持续发展。

二、体育院系教师专业发展

（一）理念与意识

1．更新观念，端正认识

调查表明，当前对于教师继续教育，陈旧化、片面化的观念相当普遍。此类现象的产生，归根结底是由于不理解教师继续教育内涵(意义、性质、功能、目标等) 造成的。由此可见，更新观念、端正认识已刻不容缓。

要建立完善的高校体育院系教师继续教育体系，必须认识到，高校体育院系教师教育已不再是“管用一生”的教育，而是“贯穿一生”的教育，它是涵盖了职前和职后教育在内的一体化教育、专业化教育，进而摆正其位置。具体地说，应形成如下认识：

(1) 继续教育是教师教育过程中必不可少的组成部分。

(2) 高校体育院系教师继续教育是对取得教师资格的高校体育院系教师为提高思想政治和业务素质所进行的培训教育。

2．提高教师参加继续教育自主性

首先，突出高校体育院系教师的主体性，引导提升其主体价值的生长。在弘扬主体精神的现时代，我们必须既重视作为接受继续教育的高校体育院系教师们的“学生”主体，也应慎重地保护和激励“教师”主体。把他们的继续学习、研究、创造、发展从外部需要、社会价值、职业规范，引向主体自身的人格建设、真善美的终极目标、主体价值实现上来。

其次，将高校体育院系教师继续教育与任用、职称评聘结合起来，调动教师培训的积极性。在保持原有特色与优势基础上，逐步转换原有的教师培训机制，建立激励与制约机制，形成“外部压力”。但其大小要“适度”，且能变为动力——这是关键。在建立激励与制约机制时，要坚持培养与使用相一致的原则，把教师的培养、评价和使用结合起来，形成育人、选人、用人一体化的机制。此外，充分发挥职称评聘的杠杆作用，把继续教育和职称评聘紧密结合起来。年度考核时把继续教育作为一项重要指标列入单位和教师的考核中，使每位教师都有主动接受教育、不断提高自我的意识，并使之成为行为动力。

(二) 课程设置：构建合理课程体系

在培训内容的设置上，既要有理论性学科，又要有技能性学科，且遵循“二八原则”，即：理论性、知识性课程占 20%，起开阔思路的作用；而操作性、技巧性、能力性课程约占 80%，以提高能力、改善行为。此外，应根据不同层次的重点采取不同的形式和措施。教师群体从层次上可划分为学科带头人、骨干教师和青年教师。学科带头人继续教育要以提高自身学术水平、掌握体育学科前沿理论和知识为主。与学科带头人相比，骨干教师的继续教育主要是提高学术水平、加强科研能力训练、掌握新的体育教育观念、提高体育教学技能。青年教师的继续教育主要是学习现代教育理论、掌握基本的体育教学技能和技巧、迅速提高体育科研能力、理解教师职业道德规范的内涵、提高自身的职业道德修养和政治思想素质等。

(三) 师资与教学方法

1. 提高培训者的自身素质水平

所谓“问渠那得清如许，为有源头活水来”，建设一支高素质的高校体育院系教师培训者队伍，是提高培训质量的根本保证。因此，必须采取切实有效措施，建立一支高素质的继续教育师资队伍。

(1) 加强师德教育，树立全新的教育观念。

(2) 坚持在实践中边学边做，如开展培训者之间的经验交流活动，相互研讨，并借鉴有效的方法。此外，培训者与受训者共同探索继续教育途径，也是提高继续教育师资水平的有效途径。

2. 合理组合各种教学方法

继续教育对象(广大高校体育院系教师) 由于生理、心理已发展成熟，学习目的明确，其目的取向是“立即应用”，即：接受继续教育是为了提高应用能力，解决实际问题，他们以一种“问题中心”的心理参与学习，同时他们有较强的理解力、自控力。因此，高校体育院系教师继续教育方法应以教师的真实需要为目标，尽量贴近实际，充分发挥教师的主体性，注重创新意识和操作能力的培养。还需注意的是，不同的培训内容需要采取不同的培训方法。如对于教育教学技巧的培训，宜采用案例教学法，让教师在分析案例的基础上提出解决问题的办法并相互交流。而对于教育教学能力的培训，则宜采用模拟培训法，让教师置身于模拟的现实工作环境中反复操作训练，以解决实际中可能出现的类似问题。

教无定法。高校体育院系教师继续教育过程中，培训者在实践中有许多有效的方法，如案例式教学法、反思教学法、探究性教学法、多媒体辅助教学法等。它们只是从一个侧面反映了继续教育理论与实践。方法构建应该是一个开放的体系，应容各家之长而使之日臻完善。

此外，高校体育院系教师继续教育应依托网络体系建立自己的网络教育平台，对具备条件的进修实行网络化教学。

（四）继续教育形式

随着我国高等教育改革的不断深入，高校教师的岗位职责要求和教学科研任务日益具体明确，教师的工作责任感也在不断增强，使得教师不能离岗经常参加较长时间的脱产培训。因此，高校体育院系教师继续教育，既要符合其本身的“任务”“目的”要求，也要考虑教师工作的实际可能条件。它应与教师的在职工作和终身学习需要相适应，适合采用多种方式的在职进修和短期培训。坚持教学质量和实用效益并重的原则，针对不同层次学习对象的工作需要，选择不同的学习途径或办学途径。有的可以参加学历教育，短期培训班、研讨班，或自行学习；有的可以参加高级研修班、高级研讨班，或出国进修访问，外出讲学。此外，在办学形式上还应注重回归“学校本位”。

(五) 管理方面

1. 完善法规体系，提升社会地位

改革开放以来，我国高校师资培训工作经过多年的摸索已初步形成了助教班、骨干班、访问学者、高级研讨班等多层次的培训体系，有很多行之有效的政策、经验和办法。但通观所有条文，在细则上没有具体明确的实施保障，没有在实践中形成有效制度。就其法律性质而言，仅属于政府规章层面，造成实际工作中常常以行政权力代替法律效力的偏差。另外，国内访问学者、高级研讨班、以同等学历申请硕士学位教师进修班管理等方面缺乏具体的、明确的规定。就地方高校师资培训来讲，需根据本地的实际情况，制定出具体的培训目标、计划和方案。但就目前情况来看，在培训目标的确立、培训计划的制定等方面还缺乏系统的研究，培训管理工作还缺乏整体性。这种在制度上不完备的教育，束缚了继续教育的推进。因此，教师继续教育要上新台阶，单靠现有政策法规已不够，须进一步健全与完善。

2. 建立科学合理的评价体系，发挥评价功能

(1) 确立科学合理的评价体系。

高校体育院系教师继续教育的评价应包括：对受训者学习成绩的评价；对培训者工作的评价；对培训机构办学效益的评价；对教育行政部门推进辖区内继续教育力度以及继续教育发展水平的评价。这四个方面的评价是相互联系的、不可分割的。

(2) 充分发挥评价的指导、督促、激励作用。

1) 要以“实效”为中心制定评价方案，其指标项目设定和权重分配都重在实际效果考核。

2) 充分运用评价结果。评价主体要对考评中得到的情况做全面分析，恰如其分地肯定成绩，指出不足，找出成败的经验教训，对客体进行认真而非敷衍的督促指导。

3) 明确评价主体职责，落实评价任务。对受训者学习成绩的评价由培训机构

组织培训者进行；对培训者的评价由培训机构领导班子实施；对培训机构的评价由同级教育行政在上级业务机构指导下进行；对教育行政工作及地方继续教育发展水平由上级教育部门、教育行政、业务指导部门实施。

(3) 明确评价方案中的各项目指标。

对受训者评价有：所学理论知识掌握、教育教学科研能力提高、教育技能操作水平、参加培训学习态度(出勤、作业、认真程度、参加教学活动积极性等) 等，其中侧重点是教育教学、科研能力和教育技能操作。对培训者评价有：所教受训者学习成绩整体水平、研究改进培训教学情况、职业道德表现(工作态度、师生关系) 等。埃尔莫(Elmore) 和菲曼(Phimann) 发现，大学教师培训人员的特质被教师们予以高度评价，他们认为在大学教师培训人员评价体系中应充分重视热情、有效、守时、责任感这些主要特质。因此，在对培训者进行评价时，还应注意评价其热情、守时、责任感。对培训机构评价有：受训者成绩整体水平、研究改进培训管理、组织推进教育科研、为教学科研和师生生活的服务工作。对教育行政、地方继续教育发展水平评价有：辖区内受训者学习成绩整体水平、继续教育周期计划和长远规划的制定实施、落实有关政策法规的措施制定及实施、管理制度及力度、经费保障等。

第三章　学习心理与学生要素分析

第一节　体育学习心理

一、学习的定义

俗话说："活到老，学到老。"可见学习是每个人终身的事情，历来受到人们的高度重视。在心理学中，学习是个含义极广的概念，表现形式可谓多种多样。如：小孩练习行走穿衣，牙牙学语是学习；科学家的创造发明是学习；学生在学校里系统地掌握知识、技能，形成良好的态度和行为习惯，培养高尚的情操和道德品质等，更是一种有目的、有指导的学习。可是，学习到底是指什么呢？国外不同的心理学派有不同的回答。

以桑代克·赫尔为代表的刺激反应理论认为：学习是 S－R(刺激－反应) 的结合。以苛勒·考夫卡为代表的格式塔理论认为：学习是个体对情境的理解，是对零碎知觉信息的再组织过程。以托尔曼·布鲁纳为代表的认知理论认为：学习是对环境中的刺激，依其关系形成的一种新的认知结构的过程，是意义的获得和实现期望的过程。日本学者松井三雄则认为：学习是一种为了适应新环境和提高适应水平，依据先前的经验改变行动形态的过程。

近年来，随着对学习心理研究的不断深入，人们比较倾向于接受这样的学习定义："学习是由经验引起的比较持久的行为变化。"而所谓的行为，除了能观察到的外部活动，如表情、动作和言语外；还包括潜在的内部活动，如思维、能力、个性倾向等。这个定义尽管引起了人们的重视，但至今还远未被人们普遍接受。不过，如果我们对这个定义仔细地进行分析，也许有助于理解什么是学习。

第一，学习被标志为行为的变化。换句话说，学习的结果必定总是被转换成可观察的行为，在学习之后，学生就能够做一些在学习之前所不会和不懂的事情。例如：给学生先做预测，然后提供某种训练，接着立即进行后测。预测与后测之差反映了行为的变化，这种变化才是学习的标志。

第二，这种行为变化是相对持久的。学习与训练并不是引起个体行为变化的唯一因素，还有许多因素也可以使个体行为发生变化。如生长、成熟、适应、疲劳、疾病和药物等引起的行为变化，就不能认为是学习的结果。所以只有在控制了除训练因素以外的其他因素的影响之后所产生的变化，才是学习，才具有相对持久的特征。

第三，某些行为变化具有潜在性。经验告诉我们：成功＝能力＋机会。意思是说，具备某方面的知识和能力，还需要有机遇、有条件施展，否则，外人不易察觉，自己也难以成功。例如：练武之人，不会随时显示自己的功夫，但不显露并不等于他没有武功。一匹千里马若没有伯乐式的人来赏识和起用，它也许永远只能是一匹普通的马。

第四，这种行为变化是经验或练习的结果。这一点的用意在于强调后天经验或练习对学习的作用，排除由基因制约的生长和成熟对学习的影响。

第五，经验或练习必须加以强化。根据巴甫洛夫的反射理论，强化是建立条件反射的重要条件。一般来说，学习只有在反应(行为、操作) 会导致奖励(正强化)的情况下，才会产生和持久。

以上分析为我们正确认识什么是学习提供了一个可供参考的框架，但这是对广义学习定义的分析，人和动物均可参考。如果从教育情境中的学习，学生学习的角度看，狭义的学习是指："凭借经验产生的，按照教育目标进行的比较持久的行为变化。"通俗地说，是指学生在教师的指导下，有目的、有计划、有组织地获得系统知识，形成技能，培养才智的过程，是学生的行为在已有经验的基础上发生相对持久变化的过程。

二、学习的过程与分类

(一) 学习的过程

过程的研究有助于从整体上揭示研究对象的本质，各组成部分的关系及功能，有助于掌握研究对象的活动规律和特点。所以，对于学习过程结构的研究．历来是教育家、心理学家十分重视的问题。下面介绍几种有代表性的分析。

1．我国古代教育家关于学习结构的传统分析

我国古代教育家的学习理论有许多精辟的论述和独到见解，概括起来，我国学习过程结构的传统模式(图 3-1) 。

- 学习
  - 学（获得知识和技能）
    - 学　闻见(感知)
    - 思　慎思(理解)
  - 习（形成能力和品德）
    - 习　时习(巩固)
    - 行　笃行(应用)

图 3-1　我国古代教育家的学习过程结构模式

这一模式表明：学习过程分为学和习两个方面，具体分为学、思、习、行四个阶段。其中，学是通过多种感官获得信息的阶段；思是对输入信息进行加工的阶段；习是通过练习、复述对信息的保持和巩固阶段；行是提取信息应用于实践的阶段。学和思是获得知识和技能的过程，习和行是形成能力和品德的过程。从学到习就是从不会到会；从知之较少到知之较多的过程，实质上是德才兼备的发展过程。

2．苏联心理学对学习过程结构的分析

苏联心理学的理论基础是反射学说。所谓反射是指有机体通过神经系统对体内外刺激所做的有规律的反应。

开始环节，主要是通过感官接受体内外的刺激，并把信息传递到中枢的过程。由于外界信息量远远超过主体感觉通道在单位时间内所能容纳的容量，也就是说

输入的信息量总是少于外界的信息量。因此，接受哪些或不接受哪些信息，需要经过注意的筛选和过滤，表现出一定的定向功能。故开始环节又称定向环节。

中间环节即加工环节，主要是对输入的信息进行加工、组织和制作的过程。按照认知心理学的观点，加工信息的场所，意识活动的中心是短时记忆。它具有保持时间短、容量有限、易受干扰等特点。

终末环节亦称行动环节，是对加工组织过的信息进行反应的过程，担负着执行的功能，如肌肉收缩、腺体分泌等。

反馈环节是对行动是否符合任务要求，是否达到目的进行检查和评定的过程，担负着校正和调节的功能。

研究表明，任何一个复杂的反射活动，都不是一次单向传导所能完成的，而是在输入与输出，低级中枢和高级中枢之间有来回往返的联系。这种由效应器的活动引起的传入冲动叫“反馈”，或者说系统的输出转变为系统的输入就是反馈。如教师根据课堂纪律、学生听课、记笔记、回答问题等反馈信息，及时调整自己的教学内容或方法。学生根据作业、实验和考试等反馈信息，确定下一步的行为目标。这些均是通过反馈环节来实现的。通过行动获得的反馈信息如果是正确的，它将作为成功的经验存在于记忆当中；如果不符合任务要求，则需要重新输入有关信息，进行新的加工和组织，直至做出精确反应。可见，作为双向传导的反馈环节，对于保证大脑皮质对效应器的调控，保证有机体对外部环境的适应与平衡具有重要的作用。

3．美国心理学的分析

美国心理学家对学习过程结构的研究，可以首推加涅为代表。加涅把学习过程分为八个阶段，提出了学习过程结构的阶梯模式。

(1) 动机阶段。每个人做任何事情都是有原因的。即为什么要去做，通过活动预期达到什么样的目的。这是整个学习过程的第一步，任务是解决个体活动的动力问题。

(2) 选择阶段。当确定要做的事情之后，就必然会注意与目标有关的信息，进而选择有用信息，淘汰无用信息，使心理活动指向并集中于学习内容，形成一种定式。定式一旦建立，学习往往会表现出一定的坚持性。

(3) 获得阶段。这一阶段起着编码的作用，即对经过选择的输入信息进行登记，以物理特性的形式暂时贮留起来。

(4) 保持阶段。被登记的信息如果继续给予注意，则进入短时记忆。通过在短时记忆中加工、组织等一系列制作过程，信息以表征的形式转入长时记忆加以贮存。

(5) 回忆阶段。根据当前的任务，检索提取出长时记忆中的有关信息，使这些信息复活并积极参与当前任务的解决过程。

(6) 概括阶段。指把已经获得的知识技能灵活地应用于新的问题情境中，做到举一反三，触类旁通。这一阶段反映出"为迁移而教，为迁移而学"，的思想。

(7) 作业阶段。是效应器的活动阶段，是使学习付诸于行动，通过作业、练习或操作完成学习任务的过程。在这一阶段，学习的效果及解决问题的能力都可得到初步反映。

(8) 反馈阶段。学生因完成了新的作业并意识到自己已经达到了预期的目标，从而使学习动机得到强化，并由此确定新的、更高的目标。加涅认为："值得注意的是强化主宰着人类的学习。因为，学习动机阶段所建立的预期，此说在反馈阶段得到了证实。"

加涅的学习阶梯模式是以学生在学习中所发生的心理过程为依据的，从学习动机的确立到学习结果的反馈，从学习愿望的产生到愿望的满足，揭示出人类掌握知识、获得技能、形成能力的发展规律，对于学生的学习是有积极指导意义的。

(二) 学习的分类

关于学习的分类，由于学习活动本身的复杂性以及在学习定义、学习过程和分类标准等方面存在着不同的观点，其分类很难统一。这里针对学生的学习特点，介绍美国心理学家奥苏伯尔的学习分类。

奥苏伯尔的学习分类比较符合学校教育的实际。他分别从学生的认知过程、学习方式与学习内容出发，提出了不同的分类。

从认知过程出发，学习可分为：①符号学习，就是学习单个符号的意义，目的在于弄明白不同的符号代表什么？这是初学者的学习。例如：识字、识数、拼音字母与单词及各学科公式里的符号等。②概念学习，是对某类符号进行抽象的概括。奥苏伯尔认为，学生学习概念分为两步。第一阶段是在具体概念的基础上形成抽象概念。③命题学习，是学习句子的意义，通过句子来理解各个概念的含义、结构及其关系，如“生命在于运动”，“学习的目的在于运用”。

根据学习方式和学习内容的不同，学生的学习可分为接受学习与发现学习，机械学习与有意义的学习。机械指有意义两个学习维度之间不是彼此独立、互不依赖的关系，而是一个连续的相互影响的过程。有意义的学习要以机械学习为基础，不识字，不识数，又怎么能够通过阅读和计算去进行高级的有意义的学习？机械学习也有待于上升为有意义的学习，否则只是记住一些零星、片段、没有联系的字、词、符号，无法适应环境的变化。

发现学习与接受学习也是同样的道理。没有接受学习，不积累大量的知识和经验就谈不上发现。仅仅是接受而不创新就意味着社会的倒退，最终会导致人类的灭亡。而且，独立发现学习由于内容的不同，可以是机械的(如迷宫学习) ，也可以是有意义的(如科学研究) ；有意义的学习也可以是接受学习或发现学习，如听讲演，看资料或新思想、新设计的产生。所以，在教育界把发现学习与有意义的学习等同，将机械学习与接受学习等同以及各部分独立的思想都是错误的。关于不同学习类型优劣的争论，更是毫无意义。因为，各种形式的学习在整个学习过程中都是需要的，所不同的只是根据对象、任务、内容和要求的不同，在选择上有所侧重而已。

从上述介绍可以看出，学习的分类繁多，千差万别，难以统一。其原因，首先是同学习活动本身的复杂多变有关。其次，同各学派的观点、划分标准、角度的不同等因素有关。而且在各种分类中，对于动物的学习与人的学习，人类的学习与学生的学习没有做出严格的区分，有的甚至混为一谈，这势必影响学习分类的科学性和逻辑的严密性。但是，了解这繁多的学习分类也不是毫无意义的，它可以帮助我们在借鉴前人成果的基础上，有所创新和发现。

作为体育学习来说，其分类就更为困难。因为，体育学习既要遵循各门学科认识事物的共同规律，又要遵循人体结构、人体生理机能活动变化和动作技能形成的规律。学习的材料除教材、挂图、教师的讲解外，更多的是各种运动器械、教师的示范，而且是以学生的身体练习为主要方式去掌握知识和技能。所以，体育学习的分类应具有自己的特色。但在目前这方面研究较少的情况下，为了便于学习，我们可根据体育学习的任务划分为以下四种类型：

(1) 体育知识的学习。体育的起源和发展，体育的基本概念、术语、规则及体育有关理论的学习。

(2) 体育技能的学习。包括跑、跳、投、掷、泅、攀登等基本运动技能和篮球、排球、足球、田径、武术等基本运动技能。

(3) 体育锻炼方法的学习。掌握有效锻炼的方法，包括室内、室外、不同季节、不同项目的方法的选择，养成自觉锻炼的习惯。

(4) 体育道德品质的学习。对体育的认识、态度，自觉遵守体育道德行为规范，培养健康的体育观。

三、学习理论的形成和发展

学习问题在长期的研究中，由于研究者的哲学观点、知识背景、研究角度以及对象、方法的不同，导致了多种理论并存的局面。归纳起来，大致可分为两大阵营：联结派学习理论和认知派学习理论。

（一）联结学习理论

联结学习理论又称刺激－反应学习理论(S－R) 。它是继承了英国联想主义心理学派的一种理论体系。其代表人物很多，对于学习的解释各家又有其独到的见解。如桑代克认为学习是“尝试错误”的过程；赫尔认为学习是习惯的形成；华生则认为有机体的行为完全可由 S－R 的公式解释，不必考虑机体的内部状态等。

尽管各家见解各异，但比较一致的基本看法是：学习是刺激与反应之间形成联结。下面介绍这一学派的代表人物桑代克、巴甫洛夫和斯金纳的学习观。

1. 桑代克的“尝试错误说”

桑代克是美国哥伦比亚大学的心理学家，也是第一个根据动物的试验研究对学习问题提出系统见解和理论的教育心理学家。从1896年开始，他先后研究过鱼、小鸡、猫、狗以及猴子的学习，其中最著名的是猫解决疑难笼的学习试验。

试验过程如下：将一只饿猫关在疑难笼中，笼外放有鱼或肉。猫在笼中用爪求食而不可得，于是在笼中乱咬、乱摇、乱撞。后来，偶然拉动门钮逃出笼外，得到了食物。把猫重新关进笼内，它又重复上述过程。如此反复地进行试验，可以看到猫的无效动作逐渐消除，打开笼门取得食物所需的时间逐渐减少。也就是说能够满足需要的行为反应与情境刺激发生了联结，而不能满足需要的行为反应(乱摇、乱撞等) 渐渐消退。最后，猫一进笼内，就能立即打开门取食物或逃走。至此，解决疑难笼的学习完成。

桑代克认为学习过程是一种渐进的、盲目尝试与错误的过程。随着错误反应的逐渐减少，正确反应的逐渐增加，终于形成了固定的刺激与反应之间的联结。故桑代克的学习理论即叫联结说，也称试误说。

2. 巴甫洛夫的经典条件反射学习

俄国生理学家、高级神经活动学说的创立者巴甫洛夫曾用狗做过一个著名的试验，提出了条件反射学习理论。试验过程如下：

当狗吃食物时会出现唾液分泌现象，这是无条件反射，食物称为无条件刺激。给狗以铃声(无关刺激) ，则不会出现唾液分泌现象。如果每次给狗吃食物以前先出现铃声，经过多次结合以后，铃声一响，狗也会出现唾液分泌现象，这时条件反射就形成了。为什么呢？因为，铃声本来与唾液分泌无关，但由于多次与食物结合，铃声已具有了引起唾液分泌的作用，即成为进食的信号了。此时的铃声已转变为信号刺激(条件刺激) 。所以，由无关刺激引起的反射活动，就是条件反射。

可见，形成条件反射的基本条件是，无关刺激与无条件刺激在时间上的结合。

这个过程称为强化。

巴甫洛夫认为，学习就是暂时神经联系的形成，也就是刺激与反应之间通过强化的过程形成联结。强化的次数越多，条件反射就越巩固。而且，凡是能有效地作用于体内外的各种刺激，包括时间因素以及事物的关系等，只要得到强化，都可以转化为条件刺激，建立条件反射。当某一条件反射已得到巩固后，用新的无关刺激与这个条件刺激相结合，还可以形成二级、三级甚至多级的条件反射，这也正是人的行为之所以复杂、多样的根本原因。值得注意的是，为什么说条件反射的形成机制是“暂时神经联系”。因为条件反射形成之后，如果不继续给予强化，已经形成的暂时神经联系就会逐渐消退，引不起应有的反应。所以，这与一吃东西就必然会流口水的无条件反射的固定、永久性神经联系比较起来，确实是暂时的。

3．斯金纳的操作条件反射学习

1938 年，美国心理学家斯金纳进行了一种操作性条件反射试验：把一只饿鼠放入试验箱内，开始它东碰西撞，当它偶然踩在杠杆上时，自动装置就会送来一粒食丸以强化这一动作。经过多次重复，老鼠会主动踩杠杆而得食。这一事实表明，老鼠的学习已经形成。也就是在食物(刺激) 与踩杠杆的动作(反应) 之间形成了联结。之后，斯金纳通过对其他动物学习的验证性实验，深信人类的学习行为大多数也是操作性的。他在 20 世纪 50 年代把“操作条件反射”学习理论引进课堂，提出了程序教学和机器教学的设想，在教育界掀起了一场教学改革的运动，被誉为“机器教学之父”。

巴氏与斯氏的两种条件反射有许多相似的地方。最基本的共同点是两种反射都是刺激与反应之间形成联结。联结是随着强化次数的增多而巩固，随着不强化而消退的。同时两种反射也存在一定的差别，主要表现在：

(1) 从两种反射的不同过程可反映出主动与被动的差别。经典条件反射是一个先有刺激后有反应的过程。也就是说先有报赏、奖励、表扬等，而后才进行操作或活动。这样的学习要推一把才走一步，显得十分被动。操作条件反射是先有反应．后有刺激。也就是说通过个体的积极操作与活动，先做出成绩，然后才得到相直的报赏。这样的学习是积极主动的，也是符合社会主义分配原则的。

(2) 在操作性条件反射中，有机体的反应是骨骼肌的活动，是一种能控制的、随意的行为：在经典条件反射中有机体的反应是不随意的，多是植物性神经系统控制的内脏活动。

在日常生活中，操作条件反射比经典条件反射建立得更快、更巩固，也多于后者。但是，复杂的反射活动又往往是两者的结合。

上述代表人物的学习观都是建立在动物试验的基础上，把人类的学习还原到动物的学习也不失为一种有意义的研究方法和途径，对学习心理的研究和发展起了积极的促进作用。但他们用生物学的观点把人与动物的学习相提并论，忽略了人与动物学习的本质区别，忽视了人类学习与学生学习的差别，否认了意识和语言在人的学习中的作用，这是各家理论的共同错误之处。

(二) 认知学习理论

认知学习理论来源于格式塔心理学派。这一学派的代表都十分强调事物的整体结构，事物与事物之间的联系和关系，注重行为内部原因的探讨和认知结构的变化，其研究成果，对心理科学的发展及世界教育改革产生了重大影响。德国心理学家苛勒在大量试验的基础上断言：人类和高等动物的学习，不是对个别刺激做出个别反应，不是由于盲目的尝试而偶然获得成功，而是由于对整个情境有所领悟和理解的结果，是对知觉信息重新组织的过程。他于 1917 年提出“顿悟说”与桑代克的“试误说”相抗衡。瑞士当代著名心理学家、创建认识论的创始人皮亚杰认为：人类天生具有一种与环境取得平衡的倾向，其表现有两个方面：同化与顺应。同化是指个体将获得的新信息(经验) 纳入已有的认知结构，使认知结构发生量变的过程，如知识范围的扩大，量的增加。顺应则是指用新的信息(经验) 去改组或重新建构原有的认知结构，使认知结构发生质变的过程，如看法、意见、态度的改变。个体的学习就是通过同化和顺应这两个过程来实现的，其目的是求得与外界环境的适应和平衡。

美国心理学家托尔曼依据试验结果认为，个体的行为是有目的的，学习就产生于有目的的活动之中。个体所学到的不是刺激与反应之间的关系，而是连续出现的各种刺激或符号之间的关系。这种对一系列刺激(符号) 和目的物之间关系的认知，就好像对整个情境获得了一张认知地图，以后再遇到这些符号时，就可在认知地图的引导下，顺利到达目的地。因此，他的学习理论被称为认知目的说，也叫符号学习。下面我们侧重介绍布鲁纳、奥苏伯尔、鲁墨哈特、维特罗克的学习观。

1．布鲁纳的认知发现理论与教育

布鲁纳是美国哈佛大学的教育心理学家，从事认知与发展的心理学研究。他在吸取格式塔理论、托尔曼与皮亚杰学说的基础上，通过长期的研究，逐渐形成了自己的具有特色的“认知－发现”学习模式。这一理论强调兴趣、动机、直觉思维和知识结构的重要性，对美国的教育改革起了积极的、重要的推动作用。他的学习模式的基本点在于：

(1) 注重学习各门学科的基本结构。

他在《教育过程) 一书中指出：“不论我们选教什么学科，务必使学生理解(掌握) 该学科的基本结构。”所谓的结构，他认为：“……就是以允许许多别的东西与它有意义地联系起来的方式去理解它。简单地说，学习结构，就是学习事物是怎样相互关联的。”

(2) 有了知识结构才能更好地形成认知结构。

知识结构是经验的简约与联系的构造，是个体了解世界所经历的几个过程的总称。包括感知、领悟和推理等过程。而认知结构则包括知识的获得和知识的应用两个方面。显然，只有掌握了大量的知识，才能灵活自如地加以应用。

(3) 有了认知结构才能更容易通向原理、原则的迁移。

布鲁纳认为：掌握了较基本的结构和原理，就可通过变式去理解特例，从而有助于增进学习中的迁移。这种态度和原理的迁移，布氏认为应该成为教育过程的核心。这就要求突出或加强教材体系结构的中心地位，以利于促进为迁移而教，为迁移而学。

(4) 缩小高级知识与低级知识间的差距。

根据上述基本思想，布鲁纳提出了一个大胆的假设："任何学科的知识都可以以某种方式教给任何阶段的任何儿童。"如当前的大学少年班，小小年纪同样可以学习高深的知识，并获得好成绩。这正是因为他们掌握了某门学科的基本结构，通过原理、原则的迁移缩小了高级知识与低级知识之间差距的结果。

与他的理论观点相适应，在学习方法上，他也有所创新，提出了"发现学习"法。具体内容包括：①强调对比；②激发有根据的猜测；③鼓励学生参与学习活动；④激发学生学习的自觉性。

2．奥苏伯尔的认知同化论

奥苏伯尔是美国纽约州大学研究院的教育心理学教授，是当代认知派杰出的代表之一。他的同化论是对皮亚杰和布鲁纳思想的发展和具体化，有独到之处，也易于被人们所接受。他和布鲁纳都强调学生应主动地、有意义地学习，但对于如何学习才算主动，才是有意义的，两人强调的重点有所不同。布鲁纳强调发现学习，奥苏伯尔则强调接受学习。他认为主动学习不等于排除教师的作用，事事都让学生卷入或参与。学生接受教师有目的的、有计划的、系统的知识传授并非就是消极被动的。他认为，学习的目的是要有所发现和创新，但发现创新的前提是拥有雄厚的基础知识，这种基础知识的获得与积累，在初级阶段是离不开教师传授的。因此，他认为学生在教师的指导下获得系统的知识本身就是一种有意义的学习，因而也是积极主动的学习。

这种有意义的学习过程，是以同化方式实现的。所谓同化是指学生头脑中某种认知结构，吸收新的信息，当新知识被吸收到原有认知结构之内，新旧知识的结构就形成了同位关系(A) 。例如："灯"是照明的工具。现在出示一个形状奇特的东西，你不知道它是什么，有什么作用?但只要一说它具有照明的特性，你就会把它归属于"灯"这一概念中。又如：一种新的动作设计，只要规定它在竞赛中以单脚起跳，以不碰落横杆的高度来计成绩时，大家就会立刻把这一新技术纳入跳高项目。

当所学的新命题包括了原有认知结构中的几个概念时，就形成了上位关系(B) 。如“水果”概念的学习，儿童在掌握了苹果、桃子、杏子、梨、西瓜等概念之后，再学习“水果”这一总括性的概念时，新概念包括了原有的概念，具有了更高层次的意义。

当新命题与原有认知结构既不产生类属关系，也不能产生总括关系时，可结合起来，构成并列关系(C) 。如篮球、排球、足球、乒乓球之间的关系便是一种并列关系。

奥苏伯尔重视教师的主导作用，强调有意义的接受学习，强调学生原有认知结构与新知识的相互作用，促进同化，进而扩充和形成更高层次的认知结构等思想，符合教学实际，易于学生接受，因而受到世界各国的高度重视。

3．鲁墨哈特的图式理论

关于图式的概念一般认为是德国心理学家巴特利特在 1932 年提出来的。而图式理论则由美国心理学家鲁墨哈特(Rumethart) 于 1980 年首创，并专门用来研究人的内部过程。

鲁氏认为，图式理论是一种关于知识的理论，它要说明的是：知识是怎样在头脑中被表征(信息贮存的一种方式) 以及贮存的知识又是怎样以特有的方式被提取而加以应用的。也就是说，图式包括知识本身和知识应用两个方面。

在鲁氏看来，图式是由若干变量所组成的。在结构上就像剧本一样，有角色、情节和对白，而图式中的变量正如剧本中的角色一样可由不同的人来扮演，也可同环境中的不同情境发生作用。例如：教学的图式，变量包括师生双方、教室、教材、教具、教学过程及方式，其中师生双方可以是我国人、外国人、男人、女人、老年人或小孩；教室可以是新的或旧的，也可以是楼房或茅屋；教材可以统一自编、铅印、油印或手抄，但只要结构不变，仍是一个教学的图式。由此可见，在同一图式中，我们总是把原有知识同变量结合起来去分析新问题的。

但图式中的各个变量并不是孤立的，它总要与其他变量发生一定的关系。这种变量本身的价值和变量之间相互关系的知识，他称为变量的约束。变量的约束在图式理论中的重要作用有二：第一，能够帮助我们识别与图式变量有关的客观情境的各个方面。如买卖双方的约束，使买卖双方在价格问题没达成协议之前，不可能同货币发生联系。第二，变量的约束可以为我们提供一种“缺少的价值”。所谓缺少的价值是指对没有观察到的变量的猜测或推论。如联系什么程度的业务，可猜测或推论出大概的货币数目。当图式结构的变量与外界情境相结合，图式所具有的变量就被一些特殊的信息具体化了。这如同剧本的演出一样，不管是什么剧种，什么人演，在什么地方演，只要付诸实践便是具体化。具体化的过程就是理解的过程。

图式的中心作用在于建造对于一个事件、一种客体或一种情况的解释。也就是说，当遇到新问题、新情境时，图式的活动作用在于能否说明或解释你所观察到的情境。如选择的图式能说明情境，那么图式是合适的；如不能解释情境，则需要重新选择图式。因此，一种图式就是一种理论。一个人头脑中所有图式的总合，就构成了一个人对客观世界的总的看法，即世界观。

需要加以区别的是，图式和理论尽管都具有高度抽象、推测等特征，其作用都在于对客体、情境、问题做出解释和说明，但仍有两点是不同的。其一，理论是被动的，图式则是一个主动建构的过程。一种理论的诞生，其寿命相对来说是较长久的，人们只可套用，不可随意更改。而图式只是一种框架或结构，它可以根据具体情境灵活选择，次要部分可以改变，甚至主要部分也可以改造或重建。与理论相比，显得积极主动。其二，理论本身一般不包括许多亚理论，而图式则由非常明确的层次、等级结构所组成，如同计算机的程序网络系统一样，各个层次的图式都在执行着自己的任务。

鲁墨哈特根据对图式理论的研究，对图式的主要特点做了下列归纳：

(1) 图式具有变量；

(2) 图式具有层次；

(3) 图式可以在各种抽象水平上来表征知识而不是定义；

(4) 图式是一种主动的过程；

(5) 图式是一种认知的手段，其目的在于评价它所加工的材料的适合性。

图式理论是一种新兴起的理论，它强调知识结构与知识变量之间、变量与环境之间的相互作用，使各种变量具体化，以求对问题的理解和解决，对我们教学工作是有启发意义的。但图式仅仅给教师的教学提供了一个框架或一种工具，它本身并不规定教师在课堂上应做什么，不应做什么。教师可根据对象、内容的不同，灵活处理教学工作。

4. 维特罗克的学习生成模式

维特罗克是美国加利福尼亚大学的心理学教授，他的研究综合了 20 世纪 60 年代以来认知心理学的发展成果，集中反映出当代认知心理学家们对学习问题研究的思想转变。这种转变主要表现在以下三个方面：

第一，过去人们研究学习和记忆的兴趣在于探索外界环境的直接影响，现在人们的兴趣转向研究人类认知过程的重要性，探索教学怎样影响学生的思维过程，思维过程又是怎样反作用于教学过程的。

第二，过去的研究重在强化物怎样提高刺激物做出反应的概率，现在对学生接受刺激强化的归因感兴趣，也就是加强了对动机的研究。

第三，在更深的水平上，教学领域研究向认知领域转变，使教师从过程一产物的研究转向认知过程本身的研究，转向学生怎样利用外界信息，利用他原有的知识经验而形成对事物的理解。在此基础上，他提出了学习的生成过程模式。他认为，学习的生成过程是原有的认知结构(已贮存在长时记忆中的事件和人脑对信息加工的策略) 与从环境中接受的感觉信息相互作用，主动地选择信息，注意信息和构造信息意义的过程。

学生原有的认知结构贮存在长时记忆之中，感觉到的经验是外界环境的刺激，两者相互作用的加工场所在短时记忆。其中，以特殊方式加工信息的倾向指的是个体活动的动机和兴趣。个体为满足某种需要，必然会注意和选择外界有关信息，表现出一定的倾向性和指向性。感觉信息，经过选择进入头脑的信息，它保持的时间很短，与有关的记忆贮存发生联系后，即刻进入构造意义阶段。主动构造意义是一个试验性的过程，可能成功，也可能失败。而不成功的原因主要有两个方面：一是选择的信息不妥，包括注意的对象；二是从记忆中提取的信息错了。在这一阶段，还包括一个双方的检验对照过程，既要跟感觉到的经验去对照，又要跟长时记忆中的经验相对照。构造如果成功，即达到了对事物意义的理解，这种成功的经验进而贮存于长时记忆，以备再次提取，同时也扩大了原有的认知结构。

维特罗克的这一模式对学习过程做了深刻细致的解剖，对各门学科的学习都适用，这主要是因为三个方面的原因。

第一，从任何信息的输入活动来看，无论是观察，做实验或阅读课文等，都不是从经验本身开始，而是从对刺激的选择性注意和知觉开始，具有一定的倾向性。因此，我们说学生的学习并不是被动地接受，而是一个主动的、深层意义的构造过程。这种选择性的意义，既涉及直接的刺激，也涉及有机体内部的动机与兴趣，更涉及主体随意控制的努力。

第二，对感觉到的经验信息进行意义构造时，必然要寻找跟原有认知结构的联系，也就是寻找现有的信息与贮存在长时记忆中的有关信息的联系。这种联系对构造新信息的意义是很重要的。当寻找联系的工作失败，个体就不能理解新事物的意义了。

第三，构造成功的经验会输入长时记忆，对原有认知结构进行充实和改造。在这种学习观的指导下，维特罗克提出了一系列由学生采取的旨在促进学习的具体技术(也称生成技术) 。例如，列标题与小标题，自己设计问题、做笔记、写概要，抽象出主要观点、规则和原理等。

综上所述，学习就是学生在经过一定的活动和训练之后，在行为上出现的某种相对持久的变化。但是这种变化是多方面的，有运动的(动作技能、习惯的形成) ，有情感的(惧怕、喜悦、悲痛等) ，有认知的(知识与策略的变化) 。导致这种变化的心理机制也是多种多样的，有条件反射、尝试错误，模仿与领悟、发展与成熟、发现与接受等。引起这些变化的原因也不尽相同，有学习情境和学生自身等多种因素。所以，就目前的学习理论来说，不论是哪一家，都难以解释所有的学习事实。各家的学习理论都有它合理的因素和部分，同时也存在一定的片面性和局限性。因此，对于不同类型、不同情境的学习，我们只能用不同的理论来加以说明。不过，现代认知派注重学习内部过程的研究趋向，应引起教育工作者的高度重视。

四、国外体育学习理论简介

体育学习具有独特性，它属于一种与身体形态、身体机能、素质有密切关系的大肌肉群运动的学习，而且在动作技能的学习中，始终是以感知系统与运动系统的协调关系的建立为主要目标，所以对体育学习理论我们有必要做一些简单介绍。

关于体育学习的研究，早在19世纪初就开始了。当时曾报道过射箭理想训练条件和杂技技能长期保留的研究。19世纪30年代之后又讨论了运动能力、运动素质、运动可教育性等概念。随着人类认识的进步，出于航天、军事活动要求探索人们学习操作技能的最佳方法，工业心理学要求探索工人体力和操作输入量的最佳操作方式，推动了体育学习研究的发展。

近年来，随着现代科学研究成果在体育领域的广泛应用，许多体育学者和心理学家，越来越认识到了体育在整个社会生活中的重要地位，认识到开展体育学习研究的重要性和必要性，并根据研究提出了一些创造性的假设和体育学习的理论模式，归纳起来有以下四种：

（一）一般描述性的体育学习模式

这类模式主要是研究技能操作的一般特征。如开始和结束的姿势、方向和路线、幅度和距离、力量的大小、速度的快慢、节奏、协调、速率(如，两栏间距跑多少步，一分钟划臂多少次) 等。

这类学习模式认为，任何技能是由一系列动作组成的。动作又包括一系列的动作要素，没有动作要素，就没有动作，也就不可能形成技能。动作要素不同，动作的结构、要领和方法也就不同。而研究这些技能操作的一般特征，有助于了解教材中各个动作的结构，准确地分析动作的要领、练习和保护的方法，以便学生尽快地掌握和巩固动作技术，形成动作技能。所以，这类学习模式可直接应用于教学指导中。这种学习的模式理论的代表人物有富兰克林·亨利、金泰尔、克拉蒂等。

1．富兰克林·亨利的“记忆鼓”学习理论

亨利认为，人完成动作的机制如同一部电子计算机，可以把已经掌握的动作技能贮存在神经系统的高级中枢，这一部位他称之为“记忆鼓”。“记忆鼓”的功能在于专门保持和贮存已经熟练、程序化的动作，包括习惯动作。当某种特定的刺激引起大脑皮层运动中枢兴奋时，贮存在记忆鼓里的程序化动作就会按特定的方式去实施某种动作行为。如教师发出“各就位”的口令或要求练习什么动作、什么战术时，学生头脑中的“记忆鼓”里的有关程序化动作就以有效的方法去加以完成。

同时，他还认为，协调性较高的动作技能还能对“记忆鼓”里的信息进行有效的管理，便于对贮存的信息进行检查。

2．金泰尔的流程学习模式

金泰尔根据神经生理学和心理学的实验研究，提出了技能学习过程的流程模式。他认为，技能的发展分为两阶段。第一，动作的主要结构掌握阶段。第二，动作的巩固和多样化阶段。这种技能学习阶段划分，揭示了技能练习初期的要素和机制，对于指导体育教学有实际意义，因此常被采用。

同时，金泰尔还根据技能的学习和完成依赖于人体内部和外部的程度，将技能分为闭锁性和开放性两种。

闭锁性技能。这类技能，在大多数情况下决定于完成动作时的内部反馈，即动觉反馈(运动觉、平衡觉、机体感觉) 。而外部感受器介入的反馈，如视反馈、嗅反馈、听觉反馈等则不起多大作用。也就是说，对外界帮助的依赖程度低。

闭锁性技能一般来说是在预先确定下来和身体运动不变的环境条件下进行的，人甚至可以闭着眼睛完成某些动作。如打字、跑步、投篮、游泳、体操、跳水、掷铁饼、急行跳远等。对于这类技能来说，反复练习相同的动作是学习的关

键。一直练到动作定型、熟练为止，也就是形成技能为止。因此，闭锁性技能对动作方式的稳定性和准确性要求较高。

开放性技能。这类技能通常是在不能预先确定或变化着的环境中实现的，而且要依靠内部和外部的反馈才能顺利完成。对应变能力要求较高，要求掌握多样化的表现形式。

开放性技能包括篮球、排球、足球、乒乓球、羽毛球、棒球、垒球等球类项目中的抢、打、切、拦、控制等技能。对于这类技能来说，反复练习同一动作是无济于事的，不能有效地应付多变的情境，而控制和应变能力才是学习的关键。

3．克拉蒂的三级水平学习理论

克拉蒂1966年根据技能的特点，结合影响技能学习和行为表现的某些因素，把技能学习分为三种不同的水平。

一级水平：人类行为的一般因素，包括渴望程度(动机、兴趣)，对任务的内容、性质、难易程度的分析能力以及参加体育学习的态度。

二级水平：与动作技能相关的各种要素的学习和练习，包括心理品质、身体素质和基本技术等方面。如思维的敏捷和灵活性；记忆的正确性和持久性；感知的精细性；注意的范围、分配和转移；对情绪的调控能力；采取行动的自觉、果断和独立性；力量、速度、柔韧以及跑、跳、投等基本动作要素。这一级运动水平的获得与学习，主要是在学校里进行的，也是向高级水平发展的基础。

三级水平：最高水平，指专业运动员的学习。

克拉蒂分析了技能学习的三种水平，提醒教师要认识这三种水平的差异以及对行为的影响。启发教师根据学生技能水平的差异提出不同的教学要求，确立其相应的教学方法。

费雷斯曼1967年在总结自己多年实践经验的基础上，进一步完善了克氏的技能三级水平理论，提出影响技能行为的因素除实践条件、以往经验与任务要求相适应的运动类型外，还有其他11种运动心理因素。如：手的技巧；控制的精确性；四肢协调性；反应时，手一臂的稳定性；腕指速度；瞄准；臂运动速度；反应定向等。

（二）信息加工的体育学习模式

这类模式以信息加工理论为指导，研究技能操作中的信息输入、选择加工、决策、贮存、检索和提取，直到信息输出的全过程。这种理论认为，运动行为的顺利进行，取决于有机体对信息的有效辨别、处理、传递和提取。这些是影响技能操作的内部变量。其主要代表是韦尔福特。

韦尔福特借助于反应时和追踪运动靶等较简单的实验手段，研究了感觉输入与运动输出之间起作用的各种机制。将这些机制构成了一个“容量有限的信息道”，用它来确定人的操作机制及其制约活动方式的各种因素，韦氏认为对信息输入、加工以及做出有效反应的容量通道是有限的。因为，人在对信息加工的时候，中枢机制只能处理几个或几组信息，超出加工容量范围的信息是不会被注意到的，或是被暂时遗忘。据此韦氏推论，在运动的时候，与其说决定于肌肉的活动状态，不如说决定于控制运动的中枢过程。中枢系统的分批、分阶段进行的协调性活动制约着运动操作。

同时，韦氏还认为，在运动操作时，学生既要顾及外部或情境的要求，又要进行内部的自我控制和调节。这是我们提高学习效果应注意的问题。

（三）控制论的体育学习模式

这种学习模式以控制论为基础，主要研究人通过自我调节机制进行的控制过程。在这类学习模式里，人被看成是根据反馈原则活动的闭合环路控制系统。反馈作为调节机制，便于觉察和校正自己的行为，从而调节自己的行为，使其行为与目标保持一致。通过感受器(包括内、外感觉) 接受各种信息，如：来自教师的讲解、示范、要求、场地、器材等方面的信息，然后将信息传至中枢处理系统，在这里对传入的信息进行分析、综合，与已有的认知结构中的有关信息发生联系，对新信息重新组织和赋予意义，做出决策，再把信息传至效应器，指示肌肉系统做出反应。效应器的反应如果是错误的，则通过反馈机制进一步调整；如果反映出没有学习的愿望，则需要激发学习的动机；如果动作基本正确，则需强化练习；如通过肌肉系统的活动完成了任务，获得了精神上和身体上的满足，对体育活动产生了浓厚兴趣，则需要通过反馈进一步巩固这一认识。

控制论的体育学习模式，对各结构的相互作用以及中枢神经系统对信息的处理过程，用控制论的观点做出了解释，与学生动作技能的学习过程基本吻合，具有较高的实用价值。

（四）分级控制的体育学习模式

这种运动模式是从人一计算机模拟的角度，研究技能获得过程中的信息编码和行为的控制。其出发点是，假定人和计算机一样，在活动中既受较高位也受较低位的程序控制。较高位的程序称为执行程序。在活动中既有执行程序参与，也有子程序参与。而在学习的不同阶段，两者所起的作用不同。在学习初期，执行程序和较高位的程序一道起作用，而在技能发展的后期，由于动作的熟练和定型，高位程序的控制逐渐减少。当信息输入后，可直接由低位程序去完成。而执行程序此时则去实现较高位的目标。

在这种运动行为控制的分级学说中，执行程序被认为是运动程序、计划程序或图式等，这些都是运动行为的控制机制。而子程序被认为是使运动程序、计划以及各实际动作实现的过程。

在这种观点指导下进行研究的人同样是很多的。如基尔认为：一系列的连续动作是由一个运动程序(执行程序) 控制的。这种控制能使系列动作在没有任何外部反馈的情况下完成。

斯图尔特、克拉普认为，长时间的运动受反馈控制，短时间的运动主要受程序控制。

丹尼斯、格伦克罗斯提出了技能学习的二阶段分级控制模式，认为在技能学习的初期，学生依赖于反馈(闭合环路) 来评价和校正自己的动作。当掌握了技能以后，学生便利用了运动程序(开放环路) ，这时运动程序是自动发挥作用，不需要任何感觉的或中枢的机制参与。随着学习的进步，分级控制水平也逐渐发展，执行程序的控制水平也逐渐提高。

施密特(Schmidt) 于 1975 年提出学习的配置理论。他的理论既包括前面提到的一些观点，又不局限于此，而是有一些新的内容。施密特认为，当某人试图进行一项有目的的运动时，就会将以下四种信息激活起来：

(1) 关于开始条件的知识，通常指活动的准；

(2) 具体反应的知识(对动作的要求) ，是在实施某一项行为之前用的；

(3) 感觉效果(影响) ，是未经有价值鉴别的，由反应产生的感觉信息，包括自我感觉；

(4) 反应效果(行为与打算之间的联系) ，得到的内在和外在的反馈信息。

以上四种体育学习理论，融合了当代科学发展的最新成就。它们之间虽然彼此相互联系，但在具体解释人类行为时，侧重点又各不相同。一般描述性的体育学习模式，是在实践中总结归纳出来的，强调的是体育学习的一般特征。信息的加工模式，主要强调知觉、加工决策、贮存和检索信息的能力。控制论的学习理论，则强调通过反馈对个体行为进行有效的调节和控制。分级控制的学习理论，强调的是人－计算机的模拟。其目的都在于探讨体育学习的实质，揭示体育学习的规律，对我们当前的体育学习和研究都具有指导意义。但由于体育学习是极为复杂的，受诸多主客观因素的影响，加之在研究中由于许多变量不易控制和量化，因此，体育学习的研究如何从理论模式向数字应用模式发展，还需要人们进行长期的研究和探索。

第二节　学生的认知与情感准备

一、学生的认知准备

教学的核心任务是引导、指导、促进学生的学习，而认知准备状态是学生进行学习活动的一个重要基础，逐渐提升学生的认知水平也是学习的一个重要目的。

因此，教学设计的一个重要方面是了解学生的认知准备状态。所谓认知准备状态，是指学生在准备完成新的学习任务时已达到的认知水平，一般来说，它包括认知发展和知识基础两个方面。其中，认知发展是指学生一般认知能力和认知功能的形成及其方式随年龄和经验增长而发生变化的过程，它涉及人的知觉、记忆、思维、语言等种种功能的发展变化。

(一) 学生的认知发展

学生的一般特征虽然与具体学科内容无直接联系，但对教学会产生间接的影响。瑞士心理学家皮亚杰的认知发展阶段学说对教学设计具有重要的指导意义。他把儿童的心理发展分为 4 个阶段。

(1) 感知运动阶段(0～2 岁)，指婴幼儿感知觉和运动协调发展的阶段。

(2) 前运算阶段(2～7 岁)，在这一阶段，儿童的头脑中有了事物的表象，而且能够用词代表头脑中的表象。他们能够进行初级的抽象，能使用和理解初级概念及其相互之间的关系。初级概念是指儿童从具体经验中习得的概念。因此，他们能够设想过去和未来的事物，在他们的认知结构中知觉成分占优势，能进行直觉思维和半逻辑思维。

(3) 具体运算阶段(7～12 岁)，该阶段儿童的思维有了质的变化，不像前运算阶段，单凭知觉表象考虑问题，而能够进行逻辑推理或逻辑转换。他们进行推理或转换的对象还只是具体的材料或客体，而不是抽象的命题。他们需要实际经验作为支柱，需要借助具体形象的支持，才能解决问题。

(4) 形式运算阶段(12～15 岁)，随着认知发展从具体逐渐向抽象过渡，日益趋于认知成熟的儿童逐渐摆脱具体实际经验的支持，能够理解并使用相互关联的抽象概念。其思维特征表现为假设——演绎思维、抽象思维和系统思维。

大量研究表明，皮亚杰所揭示的认知发展的阶段性是普遍存在的。在小学的体育教学活动中，有必要时时考虑儿童所达到的认知发展水平，采取适合于儿童的认知发展水平的体育教学。当然，在适宜的条件之下，体育教学也可以适当超越学生现有的认知发展水平。

(二) 学生的知识基础

学生已具备的知识基础对其后继学习的作用是直接而重要的。美国著名教育心理学家奥苏贝尔曾说:“假如让我把全部教育心理学仅仅归结为一条原理的话,那么,我将一言以蔽之曰:“影响学习的唯一最重要的因素,就是学生已经知道了什么。要探明这一点,并据此进行教学。”

在教学进程的各个时段,都需要及时了解学生的知识基础。①在学习一门新的科目时,需要了解学生已经具备的相关科目或领域的知识基础;②在学习一个新的单元时,需要了解学生在以前的相关单元方面已经达到的基础;③在学习一个新的知识点时,需要了解学生在相关的知识点方面的基础。

对学生知识基础的了解包括多个层次,主要有:①学生的整个知识和认知结构;②学生在相关科目或领域所具备的知识基础;③学生在具体的知识点层次上所具备的基础。

学生的知识面主要包括:①知识基础的性质,例如,是理性知识还是感性经验,有许多学习需要具备充分的感性经验,小学阶段尤其如此;②相关知识的正确性;③相关知识的概括程度;④相关知识的巩固程度;⑤学生已有相关知识本身的清晰性,已有知识与新知识之间的关联性程度和可区分程度。

了解学生知识基础的方法主要有:①考试与测验;②作业布置与批改;③找学生进行个别谈话、提问。

(三) 学生的技能基础

1. 技能的含义及特点

在对学生的技能基础进行分析之前,教师首先必须知道技能的含义。技能是顺利完成某种任务的一种活动方式或心智方式,它是通过练习而获得的。学生学习体育知识不能只停留在领会的水平,必须使它转化为相应的技能,才能使知识在完成任务中起到应有的作用。例如,学习篮球的运球、传球,不能只是领会运、传球的知识,而要达到能流畅、顺利地运、传球。学习体育不能只是领会动作概念、要领,而要掌握具体的运动技能。领会某种知识需要有某些已形成的基本技能。如要领会教材中知识就需要有阅读的技能，而已领会的知识又会形成新技能的基础，即学生在已有知识的基础上通过反复练习又会形成其他新的技能。可见，技能是在掌握知识的基础上，通过练习而获得的，所以我们说，知识应用的过程也就是技能形成的过程；而技能形成之后，又会作为一种内在或外在的活动方式促进新知识的学习、掌握和应用。因此，技能的形成与知识的掌握有着密切的关系。

技能和能力是两个不同的概念。有人在实践中常常把二者作为同一个概念使用，如“传接球能力”“运球过人能力”等。实际上，二者既有联系又有区别。技能是完成一定任务的活动方式，是指智力活动和操作活动的基本方式，是动作本身和动作方式的熟练程度；而能力则是指顺利完成某种活动的个性特征或心理条件。可以说，能力是形成某种技能的前提，而技能的形成又会促进各种能力的发展。例如，足球运动员要形成传球、接球、带球、过人、射门等一系列的熟练动作，即技能必须以他们的速度、耐力、清醒的头脑、判断的准确、快速反应、随机应变等能力为基础。在上述各种技能形成之后，又会反过来促进球员这些能力的提高与进一步发展。

技能通常有如下特点：①技能是个人在后天通过学习和训练形成的；②技能是达到自动化的活动方式，是个人全部活动的组成部分；③技能一经形成便很少受意识的控制，但是它也能根据一定的需要而发生或停止，并随时可以转化为有意识的活动。

2．技能的分类

根据技能活动的性质和特点，可把技能分为动作技能和智力技能两大类。动作技能也叫操作技能或运动技能，它是指由骨骼肌肉和相应神经系统的活动过程参与而完成的一系列外部动作，如体操、游泳等。可以说，动作技能是指机体外部动作或运动占主导地位的技能。它以肌肉、肢体动作和动觉分析器官的协调运动为特点，在主观意识的控制与支配下发挥作用，并以动觉分析器所接收的反馈信息为依据，来调节行为和动作。

智力技能是指借助于内部言语在头脑中进行认识活动的心智操作，其中主要是思维活动的操作方式，如回忆动作时的思维活动的操作方式等。

动作技能和智力技能是既有区别又有联系的不可分割的统一体。二者的区别主要有：①动作技能是外显的操作活动，而智力技能是在头脑中进行的内隐活动；②动作技能的对象是具体的客观事物，而智力技能的对象则是头脑中的映象，具有主观性和抽象性；③当达到熟能生巧的程度时，动作技能表现为动作产生连锁反应，而智力技能则表现为思维活动进程的压缩、简化，不再是一环扣一环的推理过程，而是能直接提取现存的信息。

动作技能和智力技能的联系：①外部动作技能是智力技能形成的最初依据，智力技能常常是在外部动作技能的基础上，逐步脱离外部动作而借助内部言语在头脑中形成的。例如，思考技能形成的过程就是如此，这说明智力技能的形成受动作技能的制约。②外部动作技能是智力技能的体现者，智力技能是外部动作的支配者和调节者。例如，越是高水平的动作技能，就越需要准确和敏锐的知觉，去辨别需要做出反应的线索，并迅速地作出判断，采取对策和周密的计划，而这些就是智力技能的作用。动作技能本身有智力活动的参与，例如，传接球技能主要是手和眼的协调配合动作。需要怎么传、怎么接，却要经过大脑事先的计划，受人主观意识的支配，有智力活动的参与。③这两种技能的形成都与性格或气质特征有关，冷静、灵活、勤奋、认真、责任感、坚持性等都有助于技能的形成。④对两种技能的掌握，都有助于提高学习效率，创造性地完成学习任务，解决复杂的问题，节省学生的时间和精力。

3．技能基础的含义

通过上面的阐述，我们已经了解了技能及技能的分类。在教学实践中，教师不仅要了解学生的知识基础，同时，还要了解和掌握学生的技能基础。技能基础是指学生在开始新的学习之前，自身已经具备的通过长期练习而获得的学习技能，是学生掌握更复杂技能所必备的基础。例如，教师教学生集体项目中的战术，学生必须具有使用该项目的基本技能。如果忽视了对学生技能基础的分析，教学就会脱离学生的实际，不能取得良好的效果。例如，教师因为不了解学生的技能水平，就会使学生在接受高难度的练习时望而却步；如将学生的技能起点定得太低，又会造成时间和精力的浪费，使学生在低水平的技能上作无效的重复。长此以往，就会降低学生的学习兴趣。

（四）了解技能基础的方法

加涅和布里格斯等人提出的“技能先决条件”的分析方法，是对学生技能基础进行分析判断的常用方法。这种方法是从终点能力人手，逐步分析达到终点能力所需要的从属知识和技能，一层一层分析下去，直到能够判断出学生是否掌握了所有的从属技能。教学设计者可以通过学生能否完成最简单的技能来判断学生的技能基础，也可以通过观察和测试的方法，了解学生对技能的掌握程度，并据此确定学生的技能基础。

二、学生的情感准备

学生的学习过程既是一个认知过程，也是一个情感过程，学生的情感对学生的学习活动起着激励、定向、个性化的重要作用，同时，也是学习活动本身的重要内容。需要特别注意的是，学生的情感准备状态往往表现出更大的不确定性和复杂性。对于教学设计来说，需要经常了解的学生的情感准备状态是一个很宽泛的提法，它通常是指学生的情感发展状况和特定情况下进行各种活动的情感倾向性。它涉及的具体因素特别多，这里针对教学设计中特别需要注意的重点，主要简单阐述对学生的个性发展、学习兴趣和学习动机的了解。此三者是紧密关联、相互渗透的。

（一）学生的个性发展

学生的个性发展是一个很复杂的现象。对学生个性的了解主要包括两个方面：一是个性发展上的年龄特征；二是特定学生在个性发展的个别差异性。这里主要针对教学设计的需要，简要阐述中小学生个性发展的年龄特征中的几个关键方面。需要强调的是，在实际的教学设计中，还需要对特定学生的个别差异性作充分的考虑。

1．小学生认知及个性发展的特点

一般来说，小学生的个性特点和认知能力包括以下几个方面：

(1) 感知、注意、记忆的特点。

小学生从笼统、不精确地感知事物的整体渐渐发展到能够较精确地感知事物的各部分，并能发现事物的主要特征及事物各部分间的相互关系。小学生的注意力不稳定、不持久，且常与兴趣密切相关。小学生的记忆最初仍以无意识记、具体形象识记和机械识记为主。

(2) 想象、思维的特点。

小学生的想象从形象片断、模糊向着越来越能正确、完整地反映现实的方向发展。低年级的小学生，想象具有模仿、简单再现、直观、具体的特点，到中高年级，他们对具体形象的依赖性会越来越小，创造想象开始发展起来。小学生的思维从以具体形象思维为主要形式逐步向以抽象逻辑思维为主要形式过渡，但他们的抽象逻辑思维在很大程度上仍是直接与感性经验相联系的，具有很大成分的具体形象性。

(3) 情感的特点。

随着年龄的增长，小学生的情感也逐渐变得更加稳定、丰富、深刻。低年级小学生虽已能初步控制自己的情感，但还常有不稳定的现象。到了小学高年级，他们的情感更为稳定，自我尊重，希望获得他人尊重的需要日益强烈，道德情感也初步发展起来。

(4) 意志的特点。

小学生的身体各器官、系统都生长发育得很快，他们精力旺盛、活泼好动，但同时因为他们的自制力还不强，意志力较差，所以遇事很容易冲动，意志活动的自觉性和持久性都比较差，在完成某一任务时，常是靠外部的压力，而不是靠自觉的行动。

(5) 性格的特点。

小学生的自我意识在不断发展，自我评价的能力也在不断增长。随着年龄和见识的增长，他们已不再完全依靠教师的评价来估计自己，而是能够把自己与别人的行为加以对照，独立地做出评价。因而在小学阶段进行有效的教育，使学生形成良好的性格是非常重要的。

2．初中学生个性发展的若干年龄特征

总的来说，初中学生个性发展的年龄特征包括以下几个主要方面：

(1) 自我意识。

初中学生的自我意识飞跃性地发展，达到高涨状态。他们的内心世界迅速地丰富起来，并经常进行内省、自我反思。他们的自主、独立意识迅速增强。与此相关，他们的个性较明显地存在主观偏执性，主要表现在：总认为自己正确，听不进别人的意见；经常感到别人似乎在用尖刻挑剔的态度对待他们。初中学生的自我监控方式表现为初步的知、情、意的整合调控，有抗诱惑能力，但多凭感情支配，意志行为增多。

(2) 价值观。

初中生在价值观上发展得也比较迅速，主要表现是价值观念在意识上变得比较明确，并且告别小学阶段的泛化现象，迅速走向分化，明确关注和追求一些具体的价值。不过，初中学生的价值观往往还存在矛盾性和不稳定性。

(3) 社会性。

初中学生在社会性方面的发展往往显示出不和谐性。例如，他们经常表现出认同性与批判性的矛盾，一方面对社会、对他人表现出认同，另一方面又表现出较强烈的批判甚至对抗态度；独立性与依赖性的矛盾，即一方面独立感很强，不顺从成人的意见，另一方面对成人还存在较大的依赖性，尤其是在情感和生活上，希望得到父母和其他成年人的理解、支持和保护；闭锁性与开放性，即一方面将自己的内心封闭起来，另一方面又感到非常孤独和寂寞，希望能有人来关心和理解他们。

(4) 个性发展进程。

初中学生在个性发展进程上具有如下重要特征：一是不均衡性，包括个性不同方面的发展进程之间不均衡，这是独特个性构建阶段的必然现象，以及不同具体年龄时发展速度上不均衡，而且在这一点上，个别差异很大；二是断裂性，即作为初中学生的少年个性发展，与童年时期的个性发展在进程上存在着一定的断裂性，虽然也存在连续性，但不强烈。因此，虽然他们有时也留恋童年，但是又对童年存在着较多的否定态度。这种断裂性实际上在小学六年级时已经出现。

3．高中学生个性发展的若干年龄特征

就一般情况而言，高中学生个性发展具有如下重要的年龄特征：

(1) 自我意识。

高中学生的自我意识高度发展，主要表现在独立意向的发展，已能完全意识到自己是一个独立的个体；自我意识成分的分化，在心理上把自我分成了“理想的自我”和“现实的自我”两个部分；真正成为思维和行动的主体，能够自觉地按照自己的想法去判断和行动；明确而强烈地关心着自己的个性成长，关心自己个性的优点与缺点；自我评价成熟并深化，能独立地评价自己的内心品质、评价行为的动机及效果的一致性情况等，形成了较强而稳定的自尊心；自我发展的意识显著提升，并在各种需要中占主导地位；自我监控方式表现为较高级的知、情、意的整合调控，心理结构已基本形成，有坚强的意志；形成相对完整的自我概念。

(2) 价值观。

高中学生的价值观念也较高度发展，并且已初步确立基本的价值观，即初步形成对自然、社会、人生价值的基本认识，并形成对价值的自觉追求。高中学生价值观有如下特点：对理论与哲学问题的兴趣显著增强；逐渐将个人的生活目标与社会发展相联系；其价值观反映其个性特点；虽然已具有一定的稳定性，但尚未定型，稳定性程度不高；在此基础上形成较系统的人生观和稳定的人生理想，

包括职业理想。

(3) 社会性。

一般而言，高中学生的社会性发展具有如下特点：对社会、他人的认同感稳定地增强，自我与社会基本上趋于和谐；在人际交往上，交往范围逐渐扩大，“朋友”显著增多，形成较大且较稳定的同伴群体；与异性的关系变得积极融洽，乐于与异性交往，并有交往较深刻的异性朋友；与父母、教师的关系也日益走向和谐、融洽，但学生的独立感依然强烈，并强烈笼渴望得到父母和教师的理解。

(4) 个性发展进程。

高中学生在个性发展进程上具有如下特征：一是个性发展的总体速度快，初步形成整体性的个性框架，尽管这个框架本身及其实质内容处于不断的变化、充实与更新之中；二是个性的各个方面的发展相对均衡，在不同具体年级的发展也相对均衡；三是与先前年龄阶段、后续年龄阶段的内在连续性加强。可以说，高中阶段是一个人个性发展进程中的第一个整阶段。

(二) 学生的学习兴趣

学习兴趣对学习活动的重要作用是众所周知的。在教学设计中，对学生的学习兴趣了解是比较复杂的，一般应该包括以下几个方面：①了解学生的学习兴趣的整体的强烈程度，即学生对整个学习的兴趣，这往往与人的一般本性、学生个人的价值观、学生的学习与整个生活经历、具体情境等有密切的关系；②了解学生学习兴趣的广泛性、集中性深刻性和持久性等；③了解学生对具体的学习活动的兴趣的强烈程度；④了解学生对学习活动的兴趣的性质，例如，是直接兴趣还是间接兴趣，直接兴趣是指对学习活动本身感兴趣，间接兴趣是指不是对学习活动本身而是对学习活动的结果感兴趣。

体育教师了解学生学习兴趣的方法有多种，其中典型的有：①与学生谈话；②观察学生的实际学习情景；③共情性体验，即教师设身处地地、类推地去体验学生对学习运动的兴趣状况。

（三）学生的学习动机

学习动机作为推动学生进行学习活动的内在动力，一个重要的基础是学习兴趣。但从总体上说，学习动机不同于学习兴趣。在长期的教育心理学研究中，学习动机一直是受到极大重视的一个问题。仅就简单的、即时的教学设计本身来说，对学习动机的了解有一定的重要性，而且由于以下原因，对学习动机的了解显得极为重要和复杂：其一，学习动机与学习活动之间的关系是双向的，而非单向的，即一方面动机能够推动学习活动，另一方面学习活动反过来又可以增强学习的动机，我们的教学设计要做到既能遵循和调动学生的学习动机．又能培养和强化学生的学习动机；其二，要设法优化学生的学习动机，例如，提高学生学习动机在合理范围内的持久性、可转换性和强烈度，提高学生学习动机的健康性水平，尤其是学习动机在来源上的健康性水平。

具体地说，①学生对特定学习内容的学习动机的强度。一般来说，学习动机过弱或过强，都会对学习活动产生消极作用。学习动机过弱时，就常常会导致学生注意力不集中、精神涣散、不想做出努力等种种不良的精神状态；而学习动机过强时，则会导致过分紧张，带来焦虑的情绪，不利于学习。因此，学习动机的强度以适中为宜，需注意，这里的“适中”实际上是要求适当地强烈一些。②学生对特定学习内容的学习动机的持久性。一般来说，学习动机的持久性适当地高一些是有必要的，但也不宜过高。使学习动机的持久性适度而不至于过度，主要具有两个方面的意义：第一，更有利于适时地实现学习任务及相应的学习动机的转换；第二，更有利于使学生在心智活动上做到张弛有度、劳逸结合。③学生学习动机的具体来源。综合各种研究的成果来看，学生学习动机的来源总的来说有以下几个主要方面：一是学习者的价值观，尤其是对学习的重视程度和个人价值追求上的成就感；二是好奇心、求知欲；三是自我效能感；四是学习目标的激励作用；五是学习活动本身的有趣性；六是群体氛围；七是意志、努力。然而，在不同个人身上，学习动机的具体来源是不同的，这也正是我们需要加以了解的。通过了解我们不仅能够更好地激发学生的学习动机，而且能够更好培养、优化学生的学习动机。

第三节 学生的学习风格及其影响要素

作为认知因素与情感因素的一种结合与凝固，学习风格是学生带有个性特征的学习。每一个学生在学习过程中都会表现出不同的学习倾向与策略，这种学习倾向策略是与学生的个性特征联系在一起的，它体现出个人的独特性和时间上的稳定性，在这个意义上说是个人的一种偏好，这就是学习风格。每个人都有自己独特的学习风格，学习风格对学习活动有重要的影响。因此，要想实现个别化的教学，则需要给每一个学生设计一个适合自己特点的学习规划，这正是教学设计追求的目标之一。

那么，什么是学习风格呢？正如托马斯·以勒所说："学习风格的定义差不多与对这一课题的研究一样多。"我国学者谭顶良在系统介绍国内外学习风格含义的基础上，对学习风格做了如下界定：学习风格是学生持续一贯的带有个性特征的学习方式，是学习策略和学习方式的总和。学习策略指学生为完成学习任务或实现学习目标而采用的一系列步骤，其中某一特定步骤称为学习方法。每一个个体在学习过程中会表现出不同的学习倾向，包括学习情绪、态度、动机、坚持性，以及对学习环境、学习内容等方面的偏爱。有些学习策略和学习方向可随学习环境、学习内容的变化而变化，而有些则表现出持续一贯性。那些持续一贯表现出来的学习策略和学习倾向，构成了学生通常所采用的学习方式，即学习风格。

一、学习风格的主要类型

（一）场独立型与场依存型

学习风格上的场独立型是指个人根据自己所处的生活空间的内在参照去学习，从自己内在认识出发去获得知识、信息；场依存型则是指个体依赖自己所处的周围环境的外在参照，在环境的刺激影响下去定义知识、信息。场独立型的学生在内在动机作用下学习，很少受外界环境因素的影响，习惯于单独学习、个人研究、独立思考。他们在与人的交往中不易被个人感情所左右，也不易受群体压力的影响。他们一般都有很强的个人定向，比较自信，自尊心较强。他们似乎对数学与自然科学更感兴趣。

场依存型的学生较易受别人的暗示，如往往受教师的鼓励或别的暗示所影响，他们学习的努力程度往往受外来因素的影响。他们乐于在集体环境中学习，在集体中又比较顺从，与别人相处充满情意。他们喜欢交往，似乎对人文学科和社会学科更感兴趣。需要注意的是，真正属于典型的场独立型学习风格或场依存型学习风格的学生只有少数，而大多数学生都是介于两者之间。

（二）整体性策略与序列性策略

采取整体性策略的学生在从事学习任务时，往往倾向于对整个问题将涉及的各个子问题的层次结构以及自己将采取的方式进行预测，做到未雨绸缪；他们的视野比较宽，能把一系列子问题组合起来；他们注重全面看问题，从各个角度对问题进行观察和思考，并依据主题综合、广泛的获取信息，在大范围中寻找与其他材料的联系。

采取序列性策略的学生，则一般把重点放在解决一系列子问题上。他们在把这些子问题联系在一起时，十分注意其逻辑顺序。由于他们通常都按顺序一步一步地前进，所以，只有到学习过程快结束时，才对所学的内容形成一种比较完整的看法。他们往往把注意力集中于小范围，善于用逻辑严谨、紧抓要点的方法，把学习材料分成许多段落来学习。

（三）沉思型与冲动型

在学习过程中，个体进行信息假设、形成假设和解决问题方面的速度和准确性的差异，可以概括为学习风格上的沉思型与冲动型。沉思型的学生在遇到问题时倾向于深思熟虑，用充足的时间思考和审视问题，权衡解决问题的各种方法，然后从中选择一个满足多种条件的最佳方案，因而错误少。沉思型的学生还往往更容易自发地或在外界要求下对自己的解答做出解释。

冲动型的学生则倾向于很快地检验假设，根据问题的部分信息或尚未对问题做透彻的分析就草草地做出决定，反应速度较快，但容易发生错误。同时，冲动型的学生很难对自己关于问题的解答做出解释，即使在外界要求下必须做出解释时，他们的回答也往往是不周全、不合逻辑的。需要注意的是，真正属于典型的沉思型或冲动型学习风格的学生只有少数，而大多数学生都是介于这两种学习风格之间。

二、适合于不同学习风格的教学

在教学中，一般需要分别从上述多组学习风格中去思考，了解特定学生在每一组学习风格中属于哪一种类型。例如，某个学生可能在场独立型与场依存型这一组学习风格中属于场独立型风格，在整体性策略与序列性策略这一组学习风格中属于整体性策略，在沉思型与冲动型这一组学习风格中属于沉思型。

我们特别需要注意的是，学习风格本身并没有好坏之分，事实上，每一种学习风格都具有自己的优势和局限。对于一种学习风格，我们不能断言它是好的还是坏的，而只能说它是否适合于当时的情境。对于教学设计者来说，了解学生的学习风格，其主要目的在于使体育教学内容的选择与组织、教学方法的选择与运用、教学媒体的选择与运用等适合于学生的不同学习风格。简言之，是为学生提供适合于其学习风格的教学。

三、影响学生学习风格的因素

在教学设计中，对学生的分析往往还应该包括其他许多要素，值得引起我们关注的主要有以下几个方面，这几个方面可统称为背景信息。

一是学生个体身体状况。

二是学生的家庭背景简况。具体来说，它主要包括学生家庭的结构、学生在其家庭中的位置、学生家庭的经济条件、学生家庭对学生的期望、学生家长对学生的教养方式、学生家庭所属社区的关键特征。

三是学生的同伴情况。具体来说，它主要包括与学生交往密切的同伴主要有些什么样的人，学生同伴对学生影响的性质和重要性程度。

四是学生集体的总体情况。具体来说，它主要包括学生集体人数；学生集体的纪律特性；学生集体的凝聚力；学生集体的传统、氛围和舆论；学生集体骨干；学生集体在学校和更广范围内的影响和地位；学生集体中各个个体之间的差异性程度。

美国教学技术专家克内克等人指出，教学设计者为了向学生提供适合各自特点的个别化教学，应从以下几方面了解有关学生的学习风格。

（一）信息加工的风格

(1) 用归纳法展示内容时，学习效果最佳；

(2) 喜欢高冗余度；

(3) 喜欢在训练中有大量正面强化手段；

(4) 喜欢使用训练材料主动学习；

(5) 喜欢通过触觉和动手活动学习；

(6) 喜欢自定步调。

（二）感知或接受刺激所用的感官

(1) 通过动态视觉刺激学习效果最佳；

(2) 喜欢听觉刺激学习；

(3) 喜欢从印刷材料中学习；

(4) 喜欢多种刺激同时作用的学习。

（三）感情的要求

(1) 需要经常受到鼓励和安慰；

(2) 能自动激发动机；

(3) 能坚持不懈；

(4) 具有负责精神。

(四) 社会性需求

(1) 喜欢与同龄学生一起学习；

(2) 需要经常得到同龄同学的赞同；

(3) 喜欢向同龄同学学习。

(五) 环境和情绪的需求

(1) 喜欢安静；

(2) 希望有背景声音和音乐；

(3) 喜欢弱光、低反差；

(4) 喜欢一定的室温；

(5) 喜欢零食；

(6) 喜欢四处走动；

(7) 喜欢视觉上的隔离状态；

(8) 喜欢在白天或晚上某一特定时间学习；

(9) 喜欢多休息、多睡；

(10) 学习时喜欢某类桌椅。

总之，学生的特点包括许多方面，可以从多方面、多角度进行分析。但究竟要分析学生的哪些特点，我们应根据教学的实际需要，根据特定的学习内容要求，对学生的学习风格进行分析，并能采用恰当的分析方法。就整个体育学习而言，还要考虑男、女生性别的差异，不仅要做到因材施教，还要做到因“性(别)”施教等，要将体育学习风格的分析真正落实到体育教育的实践中去。

第四章　体育教学中的主要因素分析

第一节　体育教学的内容及其确定

一、体育教学内容确定的出发点——学习需求

(一) 体育学习需要

在教学设计中，学习需要是一个特定的概念，是指学习者学习方面目前的状况与所期望达到的状况之间的差距，也就是学习者目前水平与期望达到水平之间的差距。因此，体育学需求也可以用图 4-1 形象地表示出来。

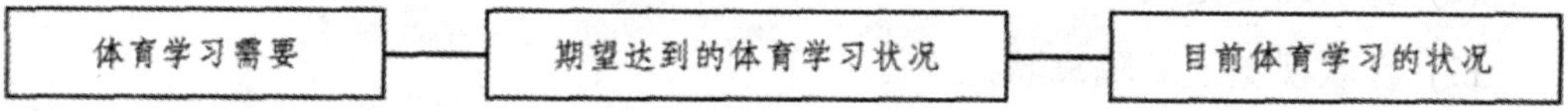

图 4-1　体育学习需要的概念

这里期望达到的体育学习状况具体体现在体育课程标准之中，包括教师、家长对学生提出的要求、学校和班级对学生提出的要求，以及学生对自己提出的要求等。目前，体育学习状况是指学生群体或个体在体育知识、技能、方法、情感态度等方面的不足，同时，也指出了要解决的问题，规定了体育教学任务和目标。例如，某中学一名初中体育教师，希望通过一年的体育教学，使自己所教学生的体育成绩班平均分在本校全年级排列第一，优秀率(90 分以上)占 15%，而学年统考结果表明，班平均分仅位于全年级第三，优秀率只有 10%，这样就分别找到了位次差 2 和优秀率差 5%的差距。这一差距就是学习需要，同时，该教师也明确了今后体育教学的目标和努力的方向。

(二) 体育学习需要分析

学习需要分析是一个系统化的调查研究过程，这个过程的主要目的是要发现学生学习中存在的问题及产生问题的主要原因，以确定在教学设计时解决的方法；发现现有教学资源及约束条件，以论证解决的可能性；分析问题的重要性，以确定优先解决的教学设计课题。所以，学习需要分析的实质就是分析教学设计的必要性和可行性，着重解决教师“为何教”和学生“为何学”的问题。

从学习需要分析的内容看，我们不可能对复杂的教学因素一一加以分析，而必须对一些重点问题进行认真思考。这些问题包括学生是否达到体育教学目标的要求、所采用的教学策略是否有效、所选择的媒体是否恰当、学生的起点行为分析是否正确、体育学习内容难易程度如何等。明确了这些问题，也就找到了当前教学中存在的问题，找出了当前现状与期望目标之间的差距。最后以“学习需要评价表”(表 4-1)的形式，向专家、分管行政领导、同行教师、学生代表汇报分析结果，并请他们参与讨论，共同确定教学问题和拟定初步解决方案，为下一步系统地进行教学设计奠定基础。

表 4-1　学习需要评价表

目标要求	当前状况	差距情况	原因分析	建议方案

二、体育教学内容确定的切入点——体育教材

学习需要的分析，指明了教学过程中存在的问题及原因，为教学设计工作奠定了基础。接下来就要对教学内容进行分析，它包括两层含义：一是分析所教教材的内容，为“教”的设计提供依据；二是分析学习内容，为“学”的设计提供依据。采用科学的方法分析教学内容是教学设计的一个重要环节。只有正确地分析教学内容，才能获得最优化的教学设计效果。

(一) 体育教材的内容

体育教材是依据义务教育体育与健康课程标准编写的，是体育课程标准的具体化产品，也是教师教和学生学的直接依据。

体育教学内容是解决教师教什么和学生学什么的问题，它的主要依据是体育教材。体育教材是在体育教学过程中协助学生达到教学目的的各种体育知识技能信息材料，是按照一定的教学目标，遵循相应的教学规律组织起来的体育知识技能系统。体育教材是体育教学内容的基本组成部分，是体育教学内容的主要依据。我们这里所说的体育教学内容的分析主要是指对体育教材的分析。体育教材是体育教学过程的要素之一，是体育教学系统的重要组成部分。体育教材具有以下几种功能：

(1) 目标功能。体育教材通过体育知识内容具体体现体育教学目标；

(2) 教学功能。体育教材是体育教师进行教学活动的主要依据，是学生学习体育知识与技能的重要工具，它制约教学模式和策略的选择和运用；

(3) 评价功能。体育教材是检查体育教学质量的重要标准。

体育教材既是体育著作，又不是一般的体育著作，它具有以下几个特点：

(1) 科学性。体育教材具有教学的特点，既有相对严密的逻辑体系和知识网络，也反映了体育科技发展的水平；

(2) 教学性。体育教材不同于一般的体育著作，编写体育教材的目的是为了进行体育教学，它要符合学生的认知特性，符合学生的心理发展规律，深入浅出，循序渐进，有利于教师进行教学；

(3) 教育性。由于体育教学的目的不仅要使学生掌握基础知识和基本技能，而且还要对学生进行思想品德教育。因此，体育教材不单纯是体育知识，它的编写更多反映体育知识的发生、发展过程和体育理论的思想脉络，使学生在探索知识的过程中，认识体育知识的内在规律，掌握体育运动的思想和体育运动的方法，培养良好的意志品质。

我们知道，体育教材在体育教学过程中有很重要的作用，为了提高体育教学质量，体育教师必须首先通过研究和分析，理解和掌握体育教材，这是体育教师的基本功。体育教材分析是体育教师进行教学设计的基础，体育教师只有在深刻理解体育教材的基础上，才能灵活地运用体育教材、组织教材和处理教材，深入浅出地上好每一堂体育课，取得良好的教学效果。体育教材分析是体育教师教学工作的重要内容，也是体育教师进行教学研究的主要方法之一。体育教材分析能充分体现体育教师的教学能力和创造性的劳动。通过体育教材分析能不断地提高教师的业务素质和加深对体育知识技能的理解。因此，体育教材分析对于提高体育教学质量和体育教师的自身素质都具有十分重要的意义。但是从目前的体育教学现状来看，有些体育教师特别是青年体育教师，对体育教材的重要性认识不足，对体育教材分析的重要性认识更不足，满足于一知半解，浅尝辄止，不愿意下苦功深入钻研：因而对体育教材没有深刻地理解，不能从整体和全局来把握体育教材，没有掌握体育教材的精神实质，对体育教材的编写意图领会不深，对教学的目的和要求理解不透，造成教学工作始终停留在一个水平上，没有深度，经不起推敲，有的甚至出现科学性错误，在很大程度上影响着体育教育质量的提高。为了提高体育教学的质量，首先必须要对体育教材进行认真深入的研究，下功夫做好体育教材的分析。为此，先要弄清体育教材分析的要求。

(1) 深入钻研体育与健康课程标准，深刻领会体育教材的编写意图和目的要求，掌握体育教材的深度与广度。

(2) 从整体和全局的高度把握体育教材，了解体育教材的结构、地位、作用和前后联系。

(3) 从更深和更高的层次理解体育教材，了解有关体育知识的背景、发生和发展过程、与其他相关知识的联系，以及在生产和生活实际中的应用。

(4) 分析体育教材的重点、难点和关键，了解学生容易混淆、产生错误的地方和应该注意的问题。

(5) 了解体育教材中思考题的功能和难易程度。

(6) 了解新知识和原有认知结构之间的关系、起点能力转化为终点能力所需要的先决技能和它们之间的关系。

体育教材是一个系统，要用系统的方法来进行研究。系统方法是按照事物本身的系统性，把对象放在系统中进行研究的一种方法。它从系统观点出发，坚持从整体与环境之间、整体与要素之间、要素与要素之间的相互联系、相互作用、相互制约的关系去分析对象，以求最优化地解决问题。运用系统方法对体育教材进行分析包括背景分析、功能分析、结构分析、要素分析等。体育教材又是体育教师进行体育教学和学生学习体育知识技能的重要依据，因此还必须在体育教学论和体育学习论的指导下对体育教材进行学习心理分析。

（二）体育教材的分析

1．体育教材的背景分析

背景是对人物或事件起作用的历史情境和现实环境，是任何学习和教学事件中始终渗透着的潜在因素。体育教学活动是在一定的背景中进行的，背景对于体育教学有着很重要的影响。同样，体育教材也有自己的背景，它对体育教学也有很大的作用。很多体育知识的产生和发展都有其深刻的背景，体育教师不了解这些知识的背景，就不知道为什么要教这些知识，不能真正理解这些知识，因而也就不可能教好这些知识，使得课堂枯燥无味，引不起学生学习体育的兴趣。只有当体育教师了解了体育知识的背景，才能从真正意义上理解教材、掌握教材。上起课来才能丰富多彩、生动活泼、左右逢源、融会贯通，才能上出高水平、高质量的体育课。为了让学生真正理解这一点，就应该讲清这些内容的背景。而要讲清体育知识的背景，体育教师本身必须了解它们的背景。因此，体育教材的背景分析对于提高体育教学质量是非常重要的。

体育教材的背景分析，其实质是体育知识的本源性分析，主要是分析体育知识、技术的发生和发展的过程，它与其他相关知识之间的联系，以及它在日常生活和健身活动中的应用。通过背景分析，可以使体育教师对有关的体育知识有整体的、全面的和系统的了解，不仅知道这些体育知识在日常生活和健身活动中产生和发展的过程，而且知道它和体育其他部分知识以及其他学科知识之间的关系，知道它在实际中的作用。这样，既有利于拓宽教师的知识面，加深对教材的理解以及教材在体育教学中的地位和作用，也有利于教师知道在教学中如何培养学生应用体育的知识解决问题的能力，还可以改变过去体育教学脱离学生需要的倾向。

2．功能分析

功能是指系统与外部环境相互联系、相互作用中所表现出来的能力。体育教材的功能分析是指对体育教材在培养和提高学生体育素养的功能进行分析，了解这部分教材在整个教材中所处的地位和作用，了解它的学习价值，包括智力价值、思想教育价值和健身价值。体育的智力价值是指体育思维品质的培养、体育能力的提高等。体育的思想教育价值是指个性品质的培养、人格精神的塑造、世界观和人生观的形成等。体育的健身价值是指体育知识和技术在日常生活、体育健身活动中的应用。这些价值往往隐含在教材之中，是潜在的因素，需要教师深入钻研、积极挖掘。

3．结构分析

任何事物都有一定的结构体系。所谓结构，是指事物内部组成要素组合在一起的方式。任何事物都是由要素组成的，这些要素往往按照某种方式进行排列和组合，就形成了一定的结构。体育教材也有自己的结构体系。整个中学体育教材有一个结构体系，每一个单元教材有一定的结构，每一课时的教学内容也有自己的结构。在对某一项目教材进行分析时，先要对这一项目教材涉及的内容作结构分析，从整体上了解它的结构体系。

对体育教材进行结构分析的目的是要找出体育教材的整体性和层次性的特征以及组成要素之间的相互联系。体育教材的结构分析包括分析体育教材的内容、层次、要素之间的关系根据体育教学内容的不同层次，分两种结构进行分析：一种是整体结构分析，指的是整个体育学科、某一分科(如田径、篮球、健美操和武术等)、某一单元内容的结构分析；另一种是单课结构分析，指的是某一课时内容的结构分析。

(1) 整体结构分析。

体育教材的结构是体育内容经过教学法加工，形成体育知识的序列及其相互联系的结构。它包含体育知识结构、体育思想与锻炼方法结构。

第一，体育知识结构分析，主要是对体育教材中的各知识点、动作之间的关系形成的结构进行分析。

第二，体育思想与锻炼方法结构分析，主要是对体育教材结构的深层次分析，在体育知识结构分析的基础上，对体育教材中所蕴含的体育思想与锻炼方法结构进行分析。

只有当体育教师对教材中蕴含的体育思想与锻炼方法进行透彻的分析以后，在体育课堂教学中才能自觉地渗透，积极地灌输，才能把体育教学提到体育思想方法的高度，真正提高学生的体育素养。

(2) 单课结构分析。

一堂课的结构分析主要分析它有哪些知识要点，它们是如何安排的，前后次序如何，其中哪些是重点、难点和关键。

第一，体育知识结构。按照逻辑顺序编写的体育教材，一堂课的具体内容的结构一般如下：

感性材料引入－概念－运动规则－应用

第二，体育教学结构。有些体育教材按照教学顺序编写，不仅提供体育事件和结论，而且体现教法，体现一定的教学顺序，安排引导学生自己独立探索结论的过程。教学顺序是把规定了广度和深度的体育知识和技能，用学生所能理解和接受的展开形式加以序列化。这类教材的叙述表达方式体现编者对教学顺序安排和教学方法选择的意图，教材的结构体现了教学的结构。教材结构的分析为体育教学设计中教学顺序的安排提供了基础。

第三，重点、难点和关键。一堂课的结构除了分析体育知识、动作技术之间的关系以外，还必须分析其中的重点、难点和关键。

重点是进一步学习的基础，在教材中起核心作用，有广泛应用的内容。

难点是学生理解、掌握或运用比较困难，容易产生混淆或错误的知识点。

关键是教材中对掌握某一部分知识起决定性作用的内容，是教学的突破口。

在明确了教材的重点、难点和关键以后，才能分清教材内容的主次，把力量用在刀刃上，抓住主要矛盾，突出重点、克服难点、抓住关键，取得事半功倍的效果。

4. 要素分析

系统是由要素构成的，系统整体功能的实现要以系统各要素功能的实现为基础。体育教材中具体的某一种项目的教学是一个系统，它也是由要素构成的。

一般来说，一个项目的教学内容有以下几个要素：

(1) 感性材料，指的是项目的发展史、著名运动员、运动图片等具体材料，供引入项目学习之用，它们是学习体育基础知识和基本技能的必要准备和条件。

(2) 动作技术与规则，这是体育知识结构的核心部分，包括动作形式、竞赛规则、运动场地、技术判罚手势等内容。

运动技术是指符合人体运动科学原理，能充分发挥身体潜在能力，有效完成动作的合理方法，是人体肢体空间运动形式在人们头脑中的反映。运动技术的学习是身体各环节相互配合与协调的过程。因此，对运动技术的学习要从动作名称、动作原理、动作模仿和动作纠错 4 个方面进行分析。

(3) 练习方法，是指帮助学生了解、掌握和运用动作原理完成运动项目的方法，是教师用作帮助提高运动能力的具有一定代表性的体育典型的运动形式。

在进行教学设计时，教师必须认真分析和研究教材，深刻理解和掌握教材的内容和项目中的要素，做到懂、透、化。

(1) 懂——分析教材内容的重、难、疑点。

作为教师，必须高屋建瓴地把握学生将要学习的教材内容，如教材内容的地位和作用、知识类型、编排特点、呈现方式、重点、难点、疑点、教材内容的深广度等。

(2) 透——分析教材内容的相互联系。

首先，要分析和研究所学的教材内容与前后教材内容之间的相互联系。心理学研究表明，影响学生学习的最重要的因素是学生已有的知识基础。在分析教材时，要特别重视分析新学习的内容和学生已学过的内容间有什么联系，在以后的学习中又有哪些运用和发展。这样做，可使新知识的学习建立在学生已有知识的基础之上，并在教学中留有一定的余地，使知识的学习一环扣一环，层次分明，循序渐进，逐步形成完整、系统的知识结构。

其次，要分析和研究所学教材内容与其他学科内容间的联系，加强体育与物理、生物甚至人文社会科学的联系，体现学科间的综合；要重视分析体育知识与社会生活实际以及工农业生产的联系，体现科学、技术与社会的密切联系，引导学生从多个角度分析和解决实际问题，获得尽可能全面的认识。

(3) 化——分析和挖掘教材知识的价值。

所谓知识的价值，简单地说就是指知识对个体发展的有用性，任何知识都具有多重价值：对于具体的体育知识而言，除了其所具有的有助于学习者解决运动健身问题的应用价值外，它还隐含着有利于学生对体育方法的掌握，以及有利于学生情感态度及价值观念形成的价值。对体育教材知识价值的分析和挖掘反映了教师把知识作为目的还是手段的价值取向。对体育教材知识价值分析和挖掘的程度如何，可通过教学目标的设计体现出来。

显然，传统教学设计往往重视知识的目的价值，忽视了知识的方法价值和情意价值，这是现代体育教学设计所必须克服的不良倾向，真正使学生学习体育知识的过程成为学生进行科学探究、掌握科学方法和形成科学价值观的过程，从而达到全面提高学生身体素质的目的。

三、体育教学内容的选择的依据与原则

（一）体育教学内容的选择依据

1. 体育教学目标

体育教师的教学首先应当考虑的是用什么内容达成本节课的目标和怎样达成本节课的目标。例如，用什么教学内容能够达成“发展学生有氧耐力的水平”，是用长跑，是用跳绳，还是用球类活动等，其目的就是达成“发展学生有氧耐力的水平”这个教学目标。

2．学生身心发展特点

学习内容的选择与学生的兴趣爱好有密切的关系。从单纯的竞技运动角度来设计教材内容在各年级中的分配，容易造成教材内容与学生身心发展特征不相适应、学习内容远离学生生活经验和生活实际的弊病。国外在选择投掷教材时，通常用的是垒球、棒球和飞盘，这些运动非常适合学生在该年龄的身心特征，既具有发展体能的特点，又具有良好的竞赛性特征，变化多、趣味性强，是学生最喜爱的运动方式之一。

3．学校实际条件

学校实际条件包括场地条件、师资力量、器材设备和办学规模等。即使在那些办学规模较大、办学条件较好的学校，也应该考虑这种因陋就简、因地制宜的做法。

（二）体育教学内容的选择原则

1．科学性原则

教学内容的科学性是指教学内容要符合不同阶段学生的身心发展特点，有效地促进学生的生长和发育。

2．健身性原则

小学低年级就非常注意培养学生的速度素质，这是竞技运动的理论，它并没有很好地考虑健康的因素。从生理学的角度来看，学生各系统中发育得最迟的就是心血管系统，过早地让儿童的心脏承受巨大的负担，对心脏的发育显然是有害而无益的。

3．实效性原则

所谓实效性，就是我们所选择的教学内容对于促进学生的身心健康是否有效。

4．教育性原则

教学内容的选择要能体现出体育活动育人的价值，体现出体育作为手段的教育价值以及实现育人这一体育最高目标中的教育功能。

5．趣味性原则

趣味性是我们选择教学内容时必须予以重视的问题，因为学生只有对所学的教学内容产生兴趣，他们才能全身心地投入其中，运动的爱好和习惯才会逐渐形成。

6．安全性原则

安全是学生运动健身的前提，在选择体育教学内容时，要充分估计学生的生理条件、运动设备的条件、教师的教学能力，必须取消那些危险性大、易发生伤害事故的内容和规则。同时，上课前认真做好各种运动设施的检查，做到防患于未然。

第二节　体育教学目标及体育健康目标体系

一、教学目标概述

（一）教学目标在教学中的主要作用

教学是一种有明确目的的活动，这种目的性渗透到课堂教学之中，便由每堂课的教学目标来体现。教学目标对于指导课堂教学实施具有非常重要的作用。在分析它对教学的作用之前，我们先来思考这样一个问题：假设课堂教学没有预先设定教学目标，那么整个教学过程会变得怎样？不难想象，教师的教学可能会变得没有方向，没有尺度；学生也会感到非常迷茫，不知道自己的学习方向。由此看来，教师的教学离不开教学目标，学生的学习也离不开教学目标，与教学相关的活动也离不开教学目标，教学目标的确有着非常重要的功能。

1．指导教师对教学过程的设计与实施

作为教学设计者的教师，一旦确立了教学目标，就可以继续确定与之相适应的教学材料、教学方法和教学媒体等。从这个角度来说，教学目标对教师设计与实施教学的确起着重要的指导作用。教学目标可以帮助教师明确教学思路，确定通过哪些途径能更好地完成教学任务，知道怎样合理地组织教学内容。例如，当一节课的教学目标是学生对常识性体育知识的掌握时，教师就可以选择“接受性学习”的教学方法(如讲授法)；当教学目标侧重学生对运动知识的探究时，教学方法的确定就应考虑让学生开展“发现性学习”，这时的教学方法以教师的宏观指导为佳；当教学目标侧重学生对具体事物的分类或区别时，选择直观的教学媒体就显得非常必要。比如，当一节课的教学目标是关于跑的分类及其特征的内容，教师便可以考虑应用多媒体将各种各样的跑呈现出来。从这些例子可以看出，教学目标在教学过程设计中，尤其是在教学手段的选择中，具有决定性的导向作用。

2．引导学生的学习进程

教学目标通常被表述为预期的学习结果。要想使学生能够获得良好的学习结果，教师首先应当让学生明确自己的学习目标，使学习具有方向性。目标明确与否，在很大程度上决定了学生的学习态度和学习效果。学生有了清楚的目标，就能做到心中有数，产生强烈的参与感，积极地投入到学习活动中去。学习目标还能使学生清楚地了解自己的学习内容，确定哪些方面有待加强，从而制订出切实可行的学习计划。一旦学生明确了自己的努力方向，便能够产生强烈的学习热情，增强完成学习任务的责任感，提高课业学习的效率。总之，教学目标对学生的学习具有很重要的导向和激励作用。

3．提供教学评价的依据

教学评价是教学过程的一个重要环节，是对学生达成教学目标程度的检验。而要检验学生的学习情况，首先要有一个关于学习内容的评价标准。这个标准就是教学开始之前确定好的教学目标，反映学生经过一个学习过程之后应该达到的程度。教学目标是进行科学测试和做出客观评价的基础，教学评价必须以教学目标为依据。无论是实施诊断性评价，还是进行形成性评价，在编制测验内容时都要以教学目标为依据。此外，教学目标还有助于学生对自己的学习情况进行评价，找出自己的学习现状与教学目标要求之间的差距，从而有针对性地调整自己的学习策略。由此看来，教学目标不但为教师评价学生提供了参照，而且还对学生的自我评价有很强的指导作用。

除了以上讨论的作用以外，教学目标还有其他一些作用。例如，对于学校与家长之间的沟通来说，教学目标也具有重要的意义，教学目标能使家长更明确地知道子女在学校中的学习内容和进度，有助于学校与家长之间针对学生的学习情况进行交流。

既然教学目标如此重要，那么对于教师来说，熟知教学目标的相关理论，掌握编写教学目标的相关知识，并且能够针对具体教学内容确定出科学合理的教学目标，应该成为教师必须具备的教学基本技能。

(二) 教学目标的陈述

当前体育教学目标陈述中存在的问题有以下几点：

(1) 教学目标过于笼统、含糊。设计教学目标时常使用抽象含糊的非行为动词，如“了解”“掌握”“理解”等，以这些动词引导的教学目标(严格意义上说应称之为教学目的)，教学后无法测量是否达到了目标，应改用行为动词表述学生的具体行为，陈述教学目标。

(2) 教学中将教学目标束之高阁，甚至脱离目标。有的教师设计的教学目标只是流于形式，貌似教学目标定得很全，但教学随意性太大，并没有或未完全付诸实践。其结果是课堂教学没有完成教学目标或只达到某一方面的目标。

(3) 目标陈述的主体不是学生或学习结果，而是教师或讲授内容。这是体育课程标准与原体育教学大纲的描述方式的不同之处，也体现了两种截然不同的教学理念。例如，“通过篮球传球教学，激发学生团队配合的意识”这一目标行为的主体就是教师，而不是学生。

(4) 目标设计缺乏个性化。在设计教学目标时，有的教师总是沿用一些程式化的语句，缺少个性，因而教学目标显得千篇一律，缺乏生气和活力，例如，常见的目标陈述“培养学生的思维能力和创新精神”等。

二、体育与健康课程目标体系的构成

（一）义务教育体育与健康课程的总目标

“通过课程学习，学生将掌握体育与健康的基础知识、基本技能和方法，增强体能；学会学习和锻炼，发展体育与健康实践和创新能力；体验运动的乐趣和成功，养成体育锻炼的习惯；发展良好的心理品质、合作和交往能力；提高自觉维护健康的意识，基本形成健康的生活方式和积极进取、乐观开朗的人生态度。”

1．掌握体育与健康的基础知识、基本技能和方法，增强体能

(1) 体育与健康的基础知识、基本技能和方法也可称为新“三基”，超越了课改前体育课程所强调的“三基”，即基本知识、基本技术和基本技能。

(2) 新“三基”中基本技能包含基本技术，用基本技能这一概念并不是要忽视或淡化运动技术的学习，而是强调要提高学生运用技术的能力。

(3) 体能是掌握运动技能的基础，也与学生的健康紧密相连。

(4) 在体育与健康教学中应重视学生体能的练习，每节体育课都应该留出一定的时间，并尽量结合运动技术的教学让学生进行相关的体能练习。

2．学会学习和锻炼，发展体育与健康实践和创新能力

(1) 体育与健康课程的教学不但要使学生掌握运动知识和技能，而且要提高学生的学习和锻炼能力，即引导学生学会体育与健康学习和体育锻炼，为学生的终身体育奠定良好的基础。

(2) 在体育与健康教学中，要高度重视学生的自主学习、合作学习和探究学习，提高学生的体育与健康学习能力。

3．体验运动的乐趣和成功，养成体育锻炼的习惯

(1) 运动只有给学生带来快乐，才会促进学生主动参与运动，并有助于终身体育意识的形成。

(2) 一定要转变这样的现象，即一提到让学生在体育学习中获得快乐，就批评“快乐”，就大讲特讲要培养学生的意志品质和刻苦学习的精神，将学生“获得快乐”与“意志品质和刻苦学习精神培养”人为地对立起来。

(3) 这个目标所讲的体验成功主要不是强调学生之间的相互比较所获得的成功感，而是主要强调自我的比较，看自己是否通过努力在原有的基础上获得进步和发展。

4．发展良好的心理品质、合作和交往能力

(1) 体育运动不仅仅只是有助于增进人的身体健康，而且对人的精神和品质的影响也是更大的。这就是我们常说的体育既能育体，也能育人。

(2) 在体育教学中不仅要重视运动技术技能的教学，更应重视运动技术技能教学背后体育对学生精神的培养以及对学生精神面貌的改变。

5. 提高自觉维护健康的意识，基本形成健康的生活方式和积极进取、乐观开朗的人生态度

(1) 这一目标既是“健康第一”的指导思想的重要体现，也是体育与健康课程追求的崇高目标。

(2) 义务教育阶段，体育与健康课程不管是体育方面的教学还是一些健康教育内容的教学都是为了提高学生健康的意识，促进学生健康生活方式的逐步形成，并使学生具有积极进取、乐观开朗的人生态度。

(3) 在体育与健康教学中，无论是学习目标的设置，还是教学内容和方法的选择，都要有助于学生健康意识和生活方式的形成，并使学生形成积极进取、奋发向上、顽强拼搏、勇攀高峰的精神。

(4) 学生健康意识和生活方式的形成仅仅靠体育教学是不够的，要辅助于健康教育的教学，体育教学与健康教育相辅相成，共同促进学生健康发展。

(二) 体育与健康课的目标

1．运动参与

(1) 参与体育学习和锻炼。

(2) 体验运动乐趣和成功。强调体育教学过程中要通过丰富多彩的内容、形式多样的方法，促进学生达成运动参与的目标，变被动参与为主动参与。

2. 运动技能

(1) 学习体育运动知识；

(2) 掌握运动技能和方法；

(3) 增强安全意识和防范能力。

小学阶段：注重体育游戏学习，发展学生的基本活动能力。

初中阶段：注重不同运动项目的学习和应用，鼓励学生参加形式多样的比赛。

3. 身体健康

(1) 掌握基本保健知识和方法；

(2) 塑造良好形体和身体姿态；

(3) 全面发展体能和健身能力；

(4) 提高适应自然环境的能力。

4. 心理健康和社会适应

(1) 培养坚强的意志品质；

(2) 学会调控情绪的方法；

(3) 形成合作意识与能力；

(4) 具有良好的体育道德。

运动参与、运动技能、身体健康、心理健康和社会适应 4 个方面是一个有机联系的整体，各个学习方面的目标主要通过身体练习实现，不能割裂开来进行教学。

三、体育教学目标的设计

(一) 设计体育教学目标的一般原则

体育教学目标是对体育教学活动预期达到的结果的表述，它制约着体育教学中教与学的活动，设计体育教学目标应遵循以下原则。

1. 一致性原则

体育教学目标是体育课程目标的具体化和行为化。因此，体育教学目标必须与体育课程目标保持完全的一致性，以使体育教育教学目的在体育教学的全过程中得以贯彻和完成。

体育课程目标，即知识与技能、过程与方法、情感态度与价值观 3 个领域构成的一个完整的目标体系。因此，在设计教学目标时，要注意目标系统 3 个层面的完整性和一致性。

2. 层次性原则

由于体育教学目标的学习水平随着学习的深入而逐步提高，所以，纵向上就有了高层次目标中包含低层次目标的关系。例如，动作练习目标："练习篮球急停跳投"中就包含着篮球运球、传球，中轴脚的使用等低层次目标。从横向上看，不同学习者的个体差异也使其在达到的目标上存在着不同。体育教师在设计教学目标时，也要注意到这种多层次的要求。

3. 操作性原则

在体育教学过程中，教学目标要能直接指导教学，对教与学的活动均有准确的测量标准，尤其对结果性的学习目标应依据具体性原则，设计出明确、可测量、便于操作的行为目标。

4. 难度适中性原则

体育教学目标是体育教学活动的出发点和归宿，必须符合学生的实际水平。体育教学目标的难度应控制在学生的"最近发展区"，应该是学生经过学习和努力可以达到的目标。低于学生实际水平的教学目标，不利于提高学生的智力和培养学生的能力；超出学生实际水平的教学目标，则无异于拔苗助长，不利于学生身心的均衡发展。因此，设计体育教学目标必须认真分析学生的现有水平，即学生的起点行为，并且要对学生的群体做基本分析，据此确定教学目标的难度。在目标层次的分解上，兼顾全面，为进一步教学设计奠定基础。

(二) 体育课教学目标设计的实践

1．体育教学目标的设计过程

根据凯普的观点，一般体育教学目标的设计过程可归纳为 6 个步骤：确定目的、建立目标、提炼目标、排列目标、再次提炼目标、做最后的排列。

(1) 确定目的：目的是抽象的，可能包含多方面的内容，它为教学目标指明方向；

(2) 建立目标：针对目的中一个具体方面建立一系列的教学目标；

(3) 提炼目标：将教学目标进行分类，把重复的目标去掉，整合相似的目标，使模糊的学习目标具体化；

(4) 排列目标：按照一定的标准(重要程度或先后顺序等)将目标进行排序；

(5) 再次提炼目标：根据实际情况，再次确定目标存在的价值并进行取舍；

(6) 做最后的排列：从整体上做实施前最后周密的安排，然后用于实践。

2．制定行为目标的要求

(1) 界定出具有可观察的学习结果；

(2) 陈述发生预期学习的条件；

(3) 明确规定标准的水平(表现目标)。

3．目标叙写的要求

(1) 目标必须是分层次陈述；

(2) 行为目标陈述的两类基本方式；

(3) 行为目标陈述的基本要素；

(4) 行为主体应是学生，而不是教师；

(5) 行为动词应尽可能是可理解的、可评估的；

(6) 必要时，附上产生目标指向的结果行为的条件；

(7) 要有具体的表现程度。

4. 设计举例

制约体育教学目标制定的主要因素：要全面反映教材的内容构成、要突出教学重点、要体现体育课程标准的要求、要考虑和反映教学目的。

依据凯普的理论，并根据体育学科的特点，以及教学目标设计的原理，我们编制一些适合于体育学科内容的、简洁化的、操作性强的教学目标设计模型，简要说明体育教学目标的设计过程，如表 4-2、4-3 所示。

表 4-2　理论课教学目标设计模型

<table>
<tr><th rowspan="4">课题</th><th colspan="6">教学内容</th><th colspan="6">学习水平</th><th rowspan="4">教学目标</th></tr>
<tr><th rowspan="3">知识点</th><th colspan="5">构成</th><th rowspan="3">识记</th><th rowspan="3">理解</th><th rowspan="3">应用</th><th rowspan="3">分析</th><th rowspan="3">综合</th><th rowspan="3">评价</th></tr>
<tr><th colspan="3">知识</th><th colspan="2">能力</th></tr>
<tr><th>事实</th><th>概念</th><th>原理</th><th>观察</th><th>推理</th></tr>
<tr><td></td><td></td><td></td><td></td><td></td><td></td><td></td><td></td><td></td><td></td><td></td><td></td><td></td><td></td></tr>
</table>

表 4-3　项目可教学目标设计模型

<table>
<tr><th rowspan="3">课题</th><th colspan="4">知识</th><th colspan="3">观察练习</th><th rowspan="3">教学目标</th></tr>
<tr><th rowspan="2">知识点</th><th colspan="3">学习水平</th><th rowspan="2">项目</th><th colspan="2">练习水平</th></tr>
<tr><th>识记</th><th>理解</th><th>应用</th><th>初步学会</th><th>学会</th></tr>
<tr><td></td><td></td><td></td><td></td><td></td><td></td><td></td><td></td><td></td></tr>
</table>

(1) 分析本节课知识与技能的内容及学习水平。

(2) 分析本节课过程与方法的内容及学习水平。

本节课程与方法的内容为练习过程，练习、观察、分析、讨论等方法；学习水平基本为初步学习或体验。

(3) 分析本节课情感态度与价值观的内容及学习水平。

本节课情感态度与价值观的内容为注重调动学生的练习兴趣，加强与学习、生活的联系；学习水平为感受或认识。

需要说明的是，上述三大领域(尤其是后两个领域)在每一节课中不一定全部涉及，需根据教学任务分析决定，有则设计，无则免之，不要牵强附会，一味地追求教学目标设计的完整性和格式化，这样势必又走人了新的误区。

(4) 目标设计。

1) 知识与技能。学生能说出动作的名称；能对照本节课学习内容说出其名称及操作要点；能解释体育动

作完成的方法和原理，并初步完成动作；能初步解释所学知识的定义以及作用，并尝试分析具体问题；能准确说出动作的概念，并说出与其他动作的明确区别。

2) 过程与方法。初步学习有关器材的使用方法；通过不断的练习体验体育动作完成方法的科学性。初步认识：观察一分析、讨论一归纳、总结一理解、运用的科学方法过程。

3) 情感态度与价值观。创设运动健身的问题情境，丰富学生的科学体验，激发学生探究的兴趣和学习体育的动机；提供信息，开展讨论，拓展视野，使学生认识到体育与生活和人类生存的密切关系。

除此之外，还可以根据学生的不同特点和起点行为，设计出不同的课时目标，也可以在学习的内容上做比较大的变动。总之，具体的教学目标设计，一定要符合学生的认知水平和能力水平。

第三节　体育教学方法分析

一、教学方法分析

教学方法，是教学过程中教师与学生为实现教学目标和教学任务要求，在教学活动中所采取的行为方式的总称。教学方法包括教师教的方法(教授方法)和学生学的方法(学习方法)两大方面，是教授方法与学习方法的统一。教的方法必须

依据学的方法，否则便会因缺乏针对性和可行性而不能有效地达到预期的目标。选择合适的教学方法是教学设计的重要内容之一，对提高课堂教学效率起着十分重要的作用。苏联教育家苏霍姆林斯基认为“选择对某节课最有效的教学方法，是教学过程最优化的核心问题之一。”教无定法，贵在得法。新课程背景下的教学方法的选择，要根据学生认知水平现状，求真务实，追求有效。

（一）教学方法选择的依据

科学、合理地选择和有效地运用教学方法，要求教师能够在现代教学理论的指导下，熟练地把握各类教学方法的特性，能够综合地考虑各种教学方法的各种要素，合理地选择适宜的教学方法并能进行优化组合。

1．依据教学目标选择教学方法

对教学方法的选择起直接作用的是教学目标——学期的、单元的、课时的教学目标。不同领域或不同层次的教学目标的有效达成，要借助于相应的教学方法。教师可依据具体的可操作性目标来选择和确定具体的教学方法。不同的教学内容、不同的学生层次都影响着教学目标，进而影响着教学方法的选择。

2．依据教学内容特点选择教学方法

不同学科的知识内容，对学习的要求是不同的，不同阶段、不同单元、不同课时的内容与要求也不一致，这些都要求教学方法的选择应具有多样性和灵活性的特点。

3．根据学生实际特点选择教学方法

学生的实际特点直接制约着教师对教学方法的选择，这就要求教师能够科学而准确地研究分析学生的特点，有针对性地选择和运用相应的教学方法以适应学生的学习，并进而提高学习效率。学生实际特点主要分为 3 个方面：一是指心理特征；二是知识基础特征；三是动作技能水平。

4．依据教师的自身素质选择教学方法

任何一种教学方法，只有适应了教师的学科素养条件，并能为教师充分理解

和把握，才有可能在实际教学活动中有效地发挥其功能和作用。因此，教师在选择教学方法时，还应当根据自己的实际优势，扬长避短，选择与自己最相适应的教学方法。

5．依据教学环境条件选择教学方法

教师在选择教学方法时，要在时间条件允许的情况下，最大限度地运用和发挥教学环境条件的功能与作用。

教师选择教学方法的目的，是要在实际教学活动中有效地运用。教师应当根据具体教学的实际，对所选择的教学方法进行优化组合和综合运用。无论选择或采用哪种教学方法，目的都只是为了更好地教好学生。

（二）教学方法选择应注意的问题

1．强调学生的个别差异和因材施教，突出教学的适应性

教学要适应学生的个别差异，要因材施教。在教学过程中，教师要把每个孩子都看成具有独特的发展个性和发育程度的不同个体，并以此为依据，允许孩子按自身的能力来获得运动技能。

2．教学方法与教学组织形式的变革相配合，突出教学的整体性

采用教学方法时并不是选择某一种单纯的教学方法，也就是说教学方法不是孤立的，而是和教学组织形式结合在一起的，是教学方法与教学组织形式的总和。

3．以促进学生的健康为出发点，突出教学的发展性

在强调促进学生健康的同时，相应地把教学的促进功能提到突出的位置。因此，促进学生健康就成了教学方法的出发点和落脚点。

4．强调学生非智力因素的培养，突出教学的情意性

在重视促进学生健康的同时，也要非常重视培养学生的非智力因素，力求通过教学方法的运用，引起学生的学习兴趣，激发学生的学习动机，培养学生的情感，增强学生的自信心。使学生养成健康的生活方式，促进学生全面发展、和谐发展。

5．强调教法与学法的统一，突出教学的双边性

教学方法要充分体现出在教师的引导下，学生独立获取知识的特点。这既有对教学的要求，也有对学生的要求，力求两者结合，提高学生“学会学习”的能力。学生在掌握体育知识技能的同时，更要掌握有效的运动技巧，并依靠它们进行健身。

（三）教学方法的选择与确定

教学方法，因其角度的不同可以有不同的分类和定义。根据体育教师在课堂教学中使用的手段不同，教学方法可分为 4 种：以语言教授为主的方法、以直接感知为主的方法、以实际练习为主的方法、以引导探究为主的方法。

1．以语言教授为主的方法

以语言教授为主的方法包括讲授法、谈话法和讨论法。

讲授法是教师通过简明、生动的口头语言向学生系统地传授知识，发展学生智力的方法。在实际的教学过程中，它又可以表现为讲述法、讲解法、讲读法、讲演法等几种。

课程改革下的讲授法应做到以下几点：

(1) 组织好授课内容，要讲出学生看书得不到的内容；

(2) 组织好语言，做到简练、生动、准确、清楚、有节奏；

(3) 以学生为本，注意参与。讲授时要穿插问、读、看等活动，讲完后要留给学生一点空间，让他们总结、交流、记笔记，以求学生参与；

(4) 精讲多练，提高练习的密度。谈话法是以师生口头语言问答的方式进行教学的一种方法。它的优点是学生活动得多，有利于启发学生独立思考，培养学生的表达能力；缺点是花费时间长，同样的时间传达的信息量大大少于讲授法。

用谈话法需做到以下几点：一是教师要充分地准备谈话的过程。要根据教学

任务进行设计，选择好提的问题。问题要明确，难易要适当，有启发性，注意提问的层次性。二是注意技巧的运用。提问要针对全体学生，并给出适当考虑的机会。教师听学生回答要耐心，一般不要轻易打断；提问要掌握问题实质，答不出来要点拨一下，回答过问题后要让大家评赞；要注意培养学生回答问题的勇气，要求声音洪亮。

2. 以直接感知为主的方法

以直接感知为主的方法主要指动作示范。

动作示范是直观教学方法最重要的手段之一，是体育教师在授课时，向学生展示所授技术动作的最经济、实用的简要方法。它既可以向学生表现完整的技术动作，也可以把一项技术的细节，如动作方向、幅度、顺序、用力位置、动作环节间的配合等，部分地或完整地反头出来，使学生对所学技术动作的形象、结构、要领和完成的方法有比较清楚的认识。

体育教学动作示范的注意事项如下：

(1) 示范动作的目的性、正确性和规范性。如果教师因为个人原因不能做好示范，可以用动作结构图，同时课中可以挖掘动作好的学生进行示范等来弥补；

(2) 示范的方向和位置要合理，让全部学生看得清楚；

(3) 示范和讲解的有效结合。教师应该思考何时进行示范、何时进行讲解，做到“该出手时就出手”，在学生思考时要给他们时间与空间，有些教学内容还需要示范的同时进行讲解；

(4) 动作示范时，少进行错误动作的示范。有的老师会对一些学生的错误动作进行示范，以提醒学生注意，其实效果适得其反。教学中应该以正确的动作示范讲解，以强化正确的动作；

(5) 示范讲解与图片的有机结合。有些运动技术动作有腾空的动作，如蹲踞式跳跃起跳后的腾空动作。教师在进行这类动作示范讲解时，可以与相关的挂图有机地结合讲解，有利于学生理解动作。

在教学方法的选择上，“教无定法”应该成为指导教师实际课堂教学的原则，这就形成了“变”与“不变”的辩证统一。所谓“不变”，是指就目前教师们遵循的几种教学方法没有变；而“变”指的是我们的学习对象总是千变万化的，尤其在“以学生为本”的今天，教师在选择教学方法时，已不能仅仅根据自己的个人特长来发挥，而应该根据学生的接受能力、理解能力，以己之长，选择最佳的教学策略，充分发掘学生的学习潜能。

二、教学方法的基本原则

(一) 全面贯彻教授、学习、研究三者同步协调原则

(1) 教师的教与学生的学应同步协调，即师生共同参与知识发现、技能形成的过程。为此，提倡课堂讨论，师生共同参与课堂讲授是人认识活动的内在要求。首先，精心设计，层层设问。教师要深入钻研，吃透教材内容，深刻体会和掌握本学科各知识间的内在联系，从学生已有的知识出发，精心设计，层层设问，通过提问促使学生积极参与、积极思维，获得新的知识。其次，注意信息反馈，及时调节教学方式。教师要善于捕捉学生的反馈信息，利用反馈信息来调控信息传递系统。教师要始终注视着学生，注意观察学生的面部表情、眼睛和动作。教师应随时根据反馈信息，调整教学内容、练习、速度以及语言，以决定是否重复讲解与示范，这样方可收到良好的效果。

(2) 教师应经常研究教材与方法，适时地把自己的心得体会与研究成果运用到教学中，为学生提供探究的素材。

(3) 在教学中应鼓励学生对问题进行研究、探索，自己设问或自由提问。在这个过程中，学生的参与意识得到进一步实现，学生的人格受到应有的尊重，思想上受到启发，其学习积极性和自信心就会大大提高。

(二) 辩证运用通俗化原则

通俗，就是讲课时尽量采用通俗易懂的语言，深入浅出地讲清比较深奥难懂的教学内容，起到化难为易、易记易用的目的。一种知识是否容易理解，在一定

程度上取决于讲授的方式。

美国心理学家布鲁纳认为：“任何学科的基本原理，都可以用某种形式交给任何年龄的任何人”，但在通俗的基础上，一定要注意内容的科学性，尽量使用准确的语言，切不可为了通俗面失去准确性。教学中需要两套语言，一是科学语言，二是通俗的口头语言。这两种语言交替使用，互相补充，才有利于取得好的教学效果。

（三）巧妙运用趣味性原则

中小学生有着强烈的好奇心和求知欲，充满想象力。教师应以有趣味的内容充分调动学生的兴趣。体育教师在课堂教学中，应联系教学内容，经常有选择地介绍一些生动形象的逸闻趣事、具有挑战性的问题，以及生动形象的动作示范等，以激发学生的学习兴趣，使学生产生求知欲。

趣味性原则要求在形式上自由、灵活，提倡寓教于乐。趣味化教学让学生在兴趣盎然的状态下、在生动活泼的课堂气氛中学习，在教师的引导启发下动手、动脑、动口。

（四）共同投入理性情感原则

共同投入理性情感，即体育教师和学生在课堂中不仅要运用科学的方法去健身，而且要投入感情来完善人格，从而使体育课堂教学成为充满生机的学习过程。

1．在课堂中要有力地激发情感

通过提出问题、解答问题等环节，使学生的期望出乎意料地得到满足，从而引发出学生高度愉悦的学习情绪。一个优美的动作、一个有趣的问题、一个生动的故事，都能有效地激发学生的情感，使学生陶醉在愉悦的氛围之中；也可运用美的事物、语言、动作、方法等去激发学生的学习热情。在体育课堂教学中，体育教师要善于挖掘教材，用美的思想去启迪学生的思维智慧。

2．在课堂中要细心地培养情感

学生原有的需要得到满足后，应不断地促使其产生新的需要，如此循环来提高学生的学习情绪。如教学中善于设疑、激疑，巧设悬念，留有思考余地，让学生去思索、去尝试，为学生创造条件。

教师要通过自己的讲授把学生的情感调节到恰到好处的状态，适当地控制情感，做到有张有弛，这是课堂讲授进入艺术境界的重要手段。

总之，这 4 个原则构成一个统一的整体。教学、学习、研究同步协调，既教猜想又教证明原则是最高原则，贯穿于整个体育教学的始终。在这些原则的指导下，教师应根据自己的特长选择教学方法，创造出有感情的学习环境。把真才实学地教、真情实感地爱与真心实意地帮结合起来，使体育课堂教学真正做到以理服人、以情动人，从而进入较高的教学艺术境界，达到教书育人的目的。

三、常用的教学方法

当代认知心理学把知识分为 3 类：陈述性知识(又称为描述性知识、语义知识，指关于世界的事实性知识)、程序性知识(又称为操作性知识，指在特定条件下可以使用的一系列的操作步骤)、策略性知识(指关于如何学习和如何思维的知识，是关于如何用陈述性知识和程序性知识去学习、记忆、解决问题的一般方法)。这种知识的分类有别于传统的知识分类法，它强调了策略性知识的重要性，有利于我们在教学过程中对学生学习方法的研究。为此，在教学设计中为了更好教给学生知识，我们必须考虑有效教学方法的应用，力求能用最合适的教学方法去开拓学生的思维深度和广度。

(一) 横向探究学习

所谓横向探究学习，指的是在同一平面上学习的广度和思维的宽度。教师传授的是一个个“知识点”和“技能点”，学生学习的范畴和思维的宽度应该借助于这一个个“点”铺开进行，这种宽度带有明显的指向性。因为这一个个知识点(或技能点)实际上是我们思维的出发点，思维的活跃在于在“点”的基础上的指向，根据思维的指向，我们可以把横向探究分为两类：一是顺向探究，二是逆向探究。

所谓顺向探究，是指学习者的思维活动沿着教师所提供的“点”的方向展开，顺着学习内容所呈现的材料对思维的促进作用的方向展开，从而对所接受的知识点进行比较性研究。例如，在体育活动中，有许多形式各异的运动项目，这些项目都以不同的方式表达着同样的内涵，促进人体健康。我们是学习篮球项目呢，还是学习有氧健身操，我们该如何选择学习内容呢，这样的探究不仅是面上的探究，也是拓宽学习者的思维，同时还是事物及现象本质的探讨，探究的结果使我们对某一个问题的理解豁然开朗。

所谓逆向探究，即将自己的思维活动转向，从与知识点相反的方向来探究问题的本质。例如，篮球项目能够促进人体的心肺功能发展，一般学习到此为止，而探究学习策略的运用，将使学生的思维引向深入。如果我们变换思维角度，展开逆向思考，问题的解决将使学生对运动项目的理解进入一个更深的层次。心肺功能的提高仅是篮球一个项目吗，其他项目怎么样，这一探究，我们就会发现，学习者的学习指向更深入到健康体适能的范畴。

（二）纵向探究学习

所谓纵向探究学习，是把知识的学习放在历史的大背景下进行，学习者的思维围绕知识点进行历史关系上的探讨，以考察知识点所涉及的知识在不同背景下的表现形式，从而对知识点形成正确的理解。

比如，运动方式多种多样，为什么历史上的运动项目多以体能类项目居多，现代社会的运动项目却形式繁多，这样的探究提问会让学生的思维立即活跃起来，体育学习也变得趣味盎然，学生对答案求解由浅入深的过程也将使学生的学习领域变得十分开阔。这样的探究学习就使得体育教学不单纯是动作技术的学习，它已与文化、历史、经济相交融，既扩大了学生的知识面，又利于学习思维能力的培养。

（三）纵横交错探究学习

纵横交错探究学习实际上是上述两种方法的综合运用。综合运用的结果能让我们把所教学的一个个知识点连接起来，形成结构完善、规则有序的知识网络，同时也能使学习者在大脑里形成良好的认知结构，促进学生思维广度的拓展。

作为一种学习策略，探究学习不仅能拓展学习者知识接受的广度，而且能强化学习者的思维深度。在体育教学中运用探究学习策略将使我们的体育教学进入一个新的天地。

1．传授方法，让学生于平淡处生疑

策略教学中，方法的传授是十分重要的，我们要让学生在似乎平淡之处发现疑问，然后进行探究，就必须教给他们一些方法。方法是开启知识大门的钥匙，知识之门的开启，将激发学生高昂的学习兴趣。教学中，我们可以让学生掌握下列几种常见方法：

(1) 类比生疑法。

在同类的类比中找出其细微差别，探究原因，得出自己的结论。

(2) 联想生疑法。

紧扣教材的某一知识点或教材的某一触点(一句话或某一个动作插图等)展开多方面的联想，从而发现疑问，追根溯源。

(3) 异同对比生疑法。

对比能在几类不同的现象或情况求同的基础上发现问题，借助这一新的问题我们有可能找到理解事物本质的关键。

(4) 借果推因生疑法。

事物有果必有因，在学生所接触的材料(如教材)中，有些由于行文的需要留果舍因，那么，在学习时，学习者借果推因，多问一个为什么，这样的学习有助于学习者加深对材料的理解。

2．援例分析，让学生举一反三

方法的传授不能代替实际的运用，一个人有了方法若不会使用，那么方法将失去其应有的意义，为促使学生学会应用方法，教师可适当举例，并对该例进行分析，如我为什么在这个地方提出疑问，我提出这样问题的目的是什么，我是从哪几个方面探究这一问题的，我探究的方法是什么，你可以用我的方法对其他运动项目进行探究吗。

这样的分析有助于启迪学生的思维，使学生更容易用某一种探究方法进行探究学习尝试，这样的援例分析，时间一长，次数一多，学生的迁移能力便能逐步增强。

3．激疑生惑，让学生入境深思

由于策略教学最适宜在学科教学中渗透进行，因此，教师一方面可以借助方法传授让学生主动探究学习，另一方面也可以结合学科教学渗透策略知识。在体育教学中，教师可以借助启发式提问在无疑处激疑生惑，让学生思维进入教师的问题情境，从而使学生进行探究学习。

一段时间后，启发式提问应由教师提问过渡到教学生学会自我提问，只有学生学会自我提问，自己入境，自己深思，才能达到策略教学的最终目的。

4．温故知新，让学生巩固掌握

某一学习策略的习得，不可能一蹴而就，不可能通过一两次练习就能让学生掌握。在教师课堂教学中，教师要有意义地针对某一知识点复习强化，使某一学习策略成为学生学习过程中自动化的思维行为。学习策略有很多，在学生了解了一些学习策略后，教师还可以让学生综合运用所学习的策略知识，多角度、多侧面地对体育知识点或难点、疑点进行深层探究，从而达到温故知新，逐步训练掌握各种学习策略的目的。

第五章　体育教学中的个性问题及因材施教

第一节　体育教学中的个性倾向的影响因素

一、体育动机

（一）体育动机的含义

体育动机是指引起和维持学生参与体育学习和体育锻炼活动的内部心理动因。体育活动行为是学生内在动机激发的结果，它决定着学生体育学习和锻炼活动的倾向性、活动强度和坚持性。它对体育学习和锻炼行为起着定向、始动、调节、强化和维持的功能，对体育活动效果有着重要的影响。

体育动机是在学生个体体育活动需要的基础上产生，并受到外部刺激或诱因的影响，在人的内部心理活动中常常以意向、愿望、要求等形式存在。内部微弱的体育动机活动从外部难以观察出来，但当它在某一方向上的强度达到一定程度时，就会激发个体在生理、心理和行为上发生变化。学生在体育学习和锻炼活动中表现的努力和坚持性就是他们体育动机的外在表现。

（二）体育动机的种类

1．内部动机和外部动机

根据学生参与体育活动的心理动因，可以将体育动机分为内部动机和外部动机。前者是指产生于学生自身内在心理因素的体育动机，即学生参与体育活动完全出于自身的需要、愿望和认知，如渴望从体育活动中获得身体上的快感和心理上的乐趣、刺激，满足好动、好奇或好胜的心理等；而后者是指产生于学生自身之外的体育活动动因，即学生参与体育活动是由于外界诱因或压力造成的，如希望得到表扬、奖励或避免受到惩罚等。

一般来说，学生的体育活动行为是由内、外部动机共同推动，但在某一时刻往往以一种动机为主。主动动机会随着活动内容和环境的变化而发生变化。

2．直接动机和间接动机

根据学生参与体育活动的兴趣特征和心理动因的指向性，可以将体育动机分为直接动机和间接动机。前者是指以直接兴趣为基础，指向于体育学习和锻炼活动的目标、内容、方法或组织形式等当前的、直接的体育动机；而后者是指以间接兴趣为基础，指向于体育活动可能给生理、心理和社会带来间接结果的体育动机。

学生的体育活动行为极可能由直接动机引起，也可能由间接动机引起，或者由两者共同作用引起。直接动机产生于学生进行的体育活动本身，如果体育活动组织得当，对学生的即刻行为会产生较大影响；而间接动机产生于学生对体育活动结果的认知，如果学生对体育活动有较深刻、全面的认识，将对他们参与体育活动产生长期积极的影响。

3．生物性动机和社会性动机

根据学生参与体育学习和锻炼活动的心理动因是以生物需要、还是以社会需要为基础，可将体育动机分为生物性动机和社会性动机。前者指学生的体育动机是以个体的生理性需要为基础、先天具有的动机；而后者是以社会性需要为基础、后天习得的动机。

社会性动机具有持久性的特征，并且是后天通过学习而获得的，而生物性动机作用时间较短，并且年龄越小，参与体育活动的生物性动机越明显。

（三）体育动机的功能

1．唤起的功能

动机的唤起功能是指动机在引起人的行为活动方面的作用。日常经验和实验研究都表明，有动机才能有行动。学生只有产生了体育活动的动机，才能产生体育活动的行为。如果学生没有体育活动的动机，他们也就不会有外显的体育活动行为。

2．指向的功能

动机的指向功能是指动机在使人的行为活动趋向某一活动内容或目标方面的作用。个体产生的某种行为动机，不仅能唤起他们的行为，同时还使该行为具有倾向性。如学生选择什么活动，活动的内容、方法和手段是什么，要达到什么体育学习和锻炼目标等，是以自己的需要、兴趣、爱好以及对不同体育活动价值的认知等为依据的，并受其体育动机的影响。

3．强化的功能

动机的强化功能是指动机在增强和延续个体的行为努力方面发挥的作用。强烈的动机不仅能强化人的行为，而且能提高行为的坚持性。明确的体育学习和锻炼动机，能激发学生的体育活动热情，增强他们克服困难的勇气与行为的努力程度，并使他们能够持之以恒地坚持体育锻炼。

4．调整的功能

动机的调整功能是指动机在形成一定的模式后对人的行为进行调节的作用。当动机形成一定模式并在个体的头脑中巩固下来后，这种行为动机可泛化到类似的情境之中去，进而对人的行为进行调整。如果学生的体育动机在他们的脑中变成了某种理想、信念、世界观后，就能在不同的体育学习或锻炼场合不自觉地、无意识地克服与其动机模式相矛盾的冲动。

（四）体育动机的激发

一个人是否愿意参加并坚持体育活动，主要动力来源是在内部。我们采用奖励或惩罚的手段，可以从外部去激发一个人参与体育活动的动机，但让人们去发现体育运动自身所具有的价值，确认自己具有参加体育活动的能力，体验到超过成功与失败本身所蕴含的“挑战”乐趣，对促使一个人长期、自主地参加体育活动是很重要的。为此，急需教师对学生进行体育动机的培养与指导。对学生体育动机的培养可以从以下几个方面进行。

1．运用“成功教育”思想

追求成功是每一个学生的一种现实体验和强烈的动机趋向。顾明运教授在“提高民族素质，迎接21世纪挑战”一文中提出：“我赞成让每一个孩子都获得成功的成功教育，让学生学有所成，学有所得，让学生学到实实在在的知识，自己的兴趣和才能得到发展，获得学习成功的喜悦。”在“成功教育”的思想的启迪下，在体育教学中，学生在教师的指导下，获得成功的体验，这不但能够增强学生的自信心，而且还能够激发学生学习的动机，培养学生的学习兴趣。例如在纵箱分腿腾越教学中，有的学生由于害怕，不能按要求完成练习，对于这些学生，教师除了进一步讲解、示范，教会他们掌握正确的技术要领外，还要改进教学方法，适当降低箱的高度或缩短踏跳板与箱之间的距离等，帮助和保护这些学生进行练习，鼓励他们通过自己的努力一定会取得成功。在教师耐心细致的讲解和鼓舞下，学生就会逐步掌握正确的动作，逐渐消除恐惧心理，独立完成练习，获得学习成功的喜悦。当学生以坚韧的毅力，顽强的品质，持之以恒的精神取得成功时，不但能够使他们体验到成功的全部乐趣，还能够激发学习的动机和欲望。

2．加强目标管理

目标教学是近年来运用较为广泛的教学方法之一，也是激发学生学习动机的一个重要途径。根据教材内容和大纲要求，在体育课的教学中，教师和学生都要有明确的目标。增强学生体质，增进学生健康，对学生进行终身体育教育，培养学生终身体育意识和能力等是学校体育课程的目标。教师要在学生明确学校课程总目标的基础上，不断去实现学年目标、学期目标、单元目标、近期目标和课堂目标。教师在备课和教学中，要制定单元达标项目和考查项目，帮助学生制定达标计划，明确奋斗方向。对身体素质差，体能较弱的学生进行目标跟踪管理。对照目标，找出差距，注入学习的动力，促使他们不断进步，最终达到质量目标要求，让学生获得完成教学目标的成就感。这种成就感对其保持与提高学习动机非常重要。

3．及时反馈信息

及时反馈是对学生学习成绩和学习态度肯定或否定的一种强化式。教育心理学家认为教师给学生大量的反馈能激发学生参加课堂活动和实践的积极性，培养学生学习的动机。在体育教学中，凡是课堂活动，教师应对教学进展，完成情况、学生的表现等都要进行简要、全面、中肯的评价。通过评价使学生获得精神上的满足，特别是对体质差、体能相对较弱的学生，当他们的闪光点得到肯定时，就会点燃心灵中进取的火花，就能够激发他们积极学习的动机，产生上进的动力。

二、运动兴趣

（一）兴趣与体育兴趣

1．兴趣

兴趣是人认识某种事物或从事某种活动的心理倾向，它是以认识和探索外界事物的需要为基础的，是推动人认识事物、探索真理的重要动机。兴趣包括人的爱好，但当人的兴趣不只是指向对某种对象的认知，而是指向某种活动的时候，人的兴趣便成为人的爱好了。兴趣和爱好都和人的积极情感相联系，培养良好的兴趣和爱好是推动人努力学习、积极工作的有效途径。

著名知觉学家吉布森(Gibson)曾经指出：早期婴儿由知觉和注意指引的行为在没有任何学习的情况下就可以产生。人类婴儿在出生后就显示出了对外界物理刺激或社会性刺激的反应倾向，因而它一方面被认为是动物的感情性唤醒状态在人类身上的延续(兴趣被认为是由低等动物的趋避行为逐渐内化成一种脑的状态)，另一方面被认为是人类兴趣和好奇心的内在来源。

人格心理学家阿尔波特(Allport)认为人类有一种“自主性功能”，就是兴趣，兴趣是感情状态，而且处于动机的最深水平，它可以驱策人去行动。早期婴儿对外界新异刺激的反应就是由兴趣这种内在动机驱策的身体运动兴趣.从婴儿出生就以机体的功能表现出来，婴儿的看、听、发出声音和动作都是兴趣情绪所激起和指导着的；兴趣还支持着感觉与运动之间的协调和运动技能的发展，为生长和发育打下基础；缺乏兴趣这类感情性唤醒会导致严重的智力迟钝或冷漠无情。

赫而巴特对于兴趣的心理状态做过分析。他认为在兴趣状态下可以产生两种心理活动，一种是“专心”，是一种“集中于任何主题或对象而排斥其他思想”的心理活动；另一种是“审思”，是关于“追忆与调和意识内容”，即协调、同化新旧观念的一种统觉活动，他认为只有通过审思活动，把那些被专心活动所接受的新观念与儿童原有的观念调和起来，才能保证儿童意识的统一性，因此，审思活动应当在专心活动后进行。专心活动和审思活动的交替进行，就构成了所谓的“精神呼吸活动”。他认为：“人必须有许多这种无数的变迁，然后一个人才有丰富的审思活动，并有能力完全随自己的意思进入每一种专心活动，如此才称为多方面的。”

2. 体育兴趣

体育兴趣是人们积极认识和优先从事体育活动的心理倾向。它是与参与体育活动的需要相联系的意向活动，一个人如果对体育活动感兴趣,就会积极参加,全力投入,活动的结果将是需要的满足并由此得到积极的情绪体验。所以体育兴趣是体育参与的基本动力之一，它影响着人们体育参与的具体活动方向和强度。

（二）体育兴趣的作用

1. 指向作用

体育兴趣是人在体育活动方面的个性倾向性的体现，每个人在体育兴趣方面都可能有差异。同时，体育兴趣又是人们心理和行为上对体育活动的趋近倾向。它使人可能从多种活动中做出选择，选择他所喜欢的体育活动内容或形式，并且乐此不疲。但是，不同年龄学生的体育兴趣可能发生变化或分化，而使兴趣的指向性越来越明确而趋于稳定，甚至逐渐形成对某个项目的中心兴趣。更值得注意的是这种指向作用会因活动结果的积极强化而不断得到加强，从而表现出体育兴趣的动力性和体育参与的延续性。有人(徐和庆，1998 年) 将我国 15 座城市各类大专院校毕业的两届毕业生 924 人(男 454 人，女 470 人) 作为研究对象，用问卷调查法来确认体育兴趣的延续性。将体育活动归纳为三类：娱乐型、健身健美型和竞技型。研究结果表明，中学、大学和学校后三个阶段在三类体育活动的兴趣上显示了高度的一致性。其中，对健身健美活动的兴趣呈增加趋势；对娱乐型活动感兴趣的人，无论在校时还是学校后都超过另两类，并有很高的一致性。924名被试体育兴趣与运动实践的相关分析结果表明，体育兴趣对运动参与有长期明显的定向作用，对促进终身体育的实现有积极的影响。

2. 强化作用

兴趣是最好的老师。对某项体育活动感兴趣，可以促使人们对此倾注更多的时间和精力、产生持久的注意、并能保持清晰的感知、周密的思维、牢固的记忆、丰富的想象。体育活动要求人们付出较多的体力，比较容易产生疲劳和厌倦。但是，如果对活动本身感兴趣，就会精神饱满、积极热情地投入、刻苦学习、努力进取。实验表明：中学女生多数不喜欢长跑，但改成音乐伴奏下的跑跳步练习，在生理负荷相同的情况下仍然情绪振奋不感疲劳，课堂气氛活跃，教学效果得到很大的提高。

（三）体育兴趣的培养

爱因斯坦说过："兴趣是最好的老师"。教师是影响学生学习兴趣的众多因素中最为重要的因素。因此教师在教学中要有意识地去探索和研究学生的兴趣和动机，只有了解影响学生学习兴趣的因素，才能有的放矢地采取相应的方法和措施教学，并应着重培养学生树立正确的体育学习动机，运用多种教法激发学习兴趣。培养和激发学生的兴趣是教育工作的一项重要任务，要培养和激发学生的兴趣，可采取以下措施。

1. 教育学生树立正确的体育观

部分学生不喜欢上体育课，主要是由于这部分学生对体育课的认识不足，体育意识较弱，认为体育课又苦又累，还担心影响文化课的学习。对此，教师首先要严格要求，辅之关心，其次应大力宣传体育的价值，端正学生学习体育的态度，提高学生的体育意识，并在教学中使每个学生都有成功的体验，使他们明白在体育课中受点“苦”和“累”是值得的，从而激发他们学习体育的兴趣。

2．加强目的性教育，启发学生体育学习的需要

了解体育活动的结果，易于形成间接兴趣，从而把学生的兴趣长期保持在既定的活动上。因此，在体育教育教学中，教师应加强学习目的性教育，帮助学生认识体育学习的社会意义，把自己的体育学习与远大的理想联系起来，从而提高其学习的主动性和积极性。

3．设置适宜的学习目标，使学生产生学习的成就感

研究证明，过去经历过并获得成功体验的事物容易引起人们的兴趣。任何一件事，只要获得成功都能产生满足感并伴随愉悦的情绪体验，继而使人更关心这类事物，产生进一步从事某种活动的愿望。相反，失败的结果使人产生不快的情绪体验，从而丧失活动兴趣。因此教师应帮助学生确立力所能及的体育目标，使其经常产生成就感，并利用各种机会给予承认，增强其活动的信心。

4．充分运用体育学科优势，激发学生的兴趣

每门学科的知识都有自己特定的范围，也有自己独特的学科特点。学生对某学科的兴趣往往是由该学科的特殊趣味引起的。因此教师除了不断地对学生进行学习目的性教育外，更应注意充分发挥本学科的特点和优势，以激发学生的兴趣。

5．利用教学内容和方法的新颖性，激发学生的兴趣

教学内容和方法是影响学生学习兴趣的重要因素，教学内容难度过大或过于简单，教学方法单调等都难于引起学生的兴趣，很难把精力投入到学习活动中去。只有根据学生原有的知识水平充实新的内容，采取灵活多样的教学方式，才能引起学生的好奇心，激发其求知欲。因此，教师在教学中要深入了解学生，根据学生的特点精选教学内容和方法，利用学生易于接受的形式，使其在愉快的气氛中掌握知识。

6．启发学生自觉培养学习兴趣

学生是学习的主体，外界的环境和教育只有通过个人的自我教育才能发挥作用。如果只有教师的积极活动，没有学生的积极配合，就难以完成教学任务。因此，教师应积极创造条件，激发学生自我教育的积极性，使其“学会学习”，从而发展其兴趣，完善其个性。

三、学习价值观

（一）价值与价值观

1. 价值

(1) 价值的概念。

“价值”的含义十分丰富。在不同的语境下，在不同的学科领域中，价值的内涵和形态都各不相同。在我们熟知的马克思主义《政治经济学》中，价值就作为一个常见的概念被归结为凝结在商品中的一般的无差别的人类劳动，是商品的社会属性。价值同样常见于哲学、社会学、美学、伦理学等众多学科，用来表示事物的社会属性和人文属性。

在哲学的概念体系中，“价值”则反映了客体对主体需要的满足程度。马克思在《评阿瓦格纳的“政治经济学教科书”》中指出：“‘价值’这个普遍的概念是从人们对待满足他们需要的外界物的关系中产生的”，“人在把成为满足他的需要的资料的外界物……进行评价，赋予它们以价值或使它们具有‘价值’属性”；并且，马克思还超越了资产阶级经济学价值观，揭示了价值背后所隐藏的人与人之间的社会关系。“而实际上价值只不过是人和人之间的关系、社会关系在物上的表现，它的物的表现，——人们同他们的相互生产活动的关系”。由此可见，价值是人们在主观上看待客观事物的观念，体现了客体满足主体感性或者理性需要的属性。价值一般通过主体对客体的判断而被反映出来。“评价的过程就是主体以其特定的需要对客体的属性在观念上加以评定的过程。价值是客观的，评价是对客观价值的主观反映”。

(2) 价值的作用。

从认识论的视角看，评价是主体认识客观事物的一种方式，主要涉及客观事物的作用、价值认识。而主体在社会科学之中一般指人。人是具有感性思维和理性思维的复合存在，其社会活动具有较强的目的性和主观能动性。人的活动目的是为了满足人的需要，都是在追求他认为最有价值的事物，而这种对有价值事物的追求对人类的认识活动和实践活动产生了深刻影响。

首先，这种对价值的追求直接影响着人们活动的性质和方向，决定着人们的思想、行动的方向。可以说，有什么样的价值目标，就会有什么样的行为方式；并且，对价值目标的追求贯穿于人类的社会活动的始终，是人们积极从事各种活动的最终动因，对人们选择所从事的社会活动具有指导意义。

其次，对有价值事物的追求决定了主体活动的指向性，影响着主体对事物的选择。人们依据其活动目的主动选择被改造客观事物，而其判断依据则是该种事物对人类需求的满足程度——价值的判断，“人对客观事物采取什么样的态度，要以某事物是否满足人的需要为中介”。价值所引发的强烈的意志和情感会引起人们创造事物的主动性、积极性，从而逐渐推动社会历史的前进。

2．价值观

(1) 价值观的含义。

关于价值观的含义，目前学界有许多界定，比较权威的观点有：“价值观是在一定社会条件下，人的全部生活实践对自我、他人和社会所产生的意义的自觉认识，与世界观和人生观密不可分。其核心是对人生目的的认识、对社会的态度和对生活道路的选择”；“所谓价值观是人们在实践中形成的关于价值和价值关系的根本观点、根本看法和根本态度。具体说，价值观是人们心目中关于某类事物的价值的基本看法、总的观念，是人们对该类事物的价值取舍模式和指导主体行为的价值追求模式”。

价值观是人们对事物价值所持的抽象观念，包含了价值的内涵、价值的本质、价值的功能等一系列价值的基本问题。从是否具备系统性来看，价值观可分为“哲学的价值观”和“世俗的价值观”，“哲学的价值观”是关于价值的理论体系，一种理论化、系统化的价值观点和价值学说；而“世俗的价值观”是人们在长期存在的社会世俗生活中自发形成的关于价值的观点。

一个人的价值观与他后天的教育有密切关系。教育作为一种人社会化的重要工具，一方面，教育将本土文化和传统价值观念不断传承下去；另一方面，教育担负着发展新观念、新思想的重要使命。

价值观与人的实践活动是良性互动的。一方面，价值观指导人的思维实践支配人的生活实践。美国社会学家丹尼尔·贝尔指出："思想和文化风格并不改变历史——至少不会在一夜之间改变历史。但是它们是变革的必然序幕，因为意识上的变革——价值观和道德伦理上的变革——会推动人们去改革他们的社会安排和体制"。另一方面人的行为作为人实践活动的主要方式，通过实践活动进一步的改变人的价值观。在特定的时间、地点、条件下，人的实践活动要发生剧烈的变化，以量变的形式逐渐影响到人的价值观念。

(2) 价值观的主要问题。

价值观涉及的主要问题有价值目标、价值追求、价值规范、价值标准、价值取向以及价值信念等。人们的价值观一方面表现为价值取向甚至价值追求，这表现为人们的价值选择，影响到人们选择某一事物的标准；另一方面表现为价值尺度和准则，影响到人们的价值判断，包括人们行为的是非曲直、真假善恶，对人们的社会行为具有根本性的引导和指向作用。

社会实践活动是影响人们价值观生成的重要源泉。马克思主义认为："全部社会生活在本质上是实践的。凡是把理论引向神秘主义的神秘东西，都能在人的实践中以及对这种实践的理解中得到合理的解决。" 在马克思看来，实践在理解社会关系中具有根本性、决定性的作用。价值观是人类社会意识形态的反映，属于社会意识；而实践活动则是生成意识形态的社会存在。

价值标准是价值观的核心内容。从认识论的角度看，价值标准是人们进行价值判断的标准，是主体判断客体有无价值及价值大小的重要准则。人们根据自身的价值标准，确定各种客观事物有无价值及价值大小，进而确定自己活动或行为取舍的价值取向。因此，价值观的关键问题是怎样确立价值的评判标准和确立什么样的价值评判标准。

价值观的表现形式主要为信仰、信念和理想等。价值观在人们的社会活动中集中表现为人们关于社会生活中人生目标、生活态度、是非判断的信仰、信念和理想等观念的总和。作为表现形式，理想、信念、信仰等观念转变成为支撑人类社会生活的精神支柱，支配和统摄人类的精神文化世界，这就决定了价值观在社会精神文化体系中属于内核的、深层的、相对稳定而起主导作用的成分，是人的精神心理活动的中枢系统，代表着一个社会应该提倡什么、不应该提倡什么的道德规范，决定着人们行为的实践取向。

最后，价值观要对人的价值作出判断，即人对自己的“主体性定位”问题。价值观要回答和解决“人为什么活着”的问题，即通常意义上的人的生活意义问题。人的主体性定位问题关系到人的生活方向和生活目标，对人生具有重要意义。从社会学的角度出发，人生价值包括人的自我价值和社会价值。对人的自我价值和社会价值的定位就决定了人的主体性定位问题。

(二) 价值观对体育学习的影响

价值观作为人们用来区分好坏标准并指导行为的心理倾向系统，对人生各个方面的行为、态度等都产生着重要的影响甚至是决定性的影响。然而每个人的生活背景、性格特征、家庭教育的不同，导致价值观各不相同。

学生进行体育学习和体育锻炼的心理原因各有不同，有的想增强体质、有的想表现自己，大多数学生是想在体育学习和体育锻炼中获得乐趣。体育活动行为是学生内在动机激发的结果，它决定着学生体育学习和锻炼活动的倾向性，而价值观同样也支配着学生进行体育学习和锻炼的行为、态度、观点等等。所以要想使学生的体育学习有一个很好的学习方式、态度，那么就要让学生树立起正确的价值观。在体育教学中，教师就应当让学生明白体育的真正意义，不是为了争夺名次、为了比出高低，而是要锻炼身体，增强体质，将体育的精神上升到一种更高的精神层面上。如奥林匹克精神“更高、更快、更强”，要让学生明白体育最重要的是要超越人类自己的极限，始终坚持奋斗、自强不息的精神。那么学生在体育学习和锻炼中，因为更好地理解了体育的精神，他的学习方式就会更科学，更符合锻炼的规律，而不是一味地追求成绩的提高；他的学习态度也会更积极、更正面，能更好地应对失败和挫折。不会因为一次的失败便认为自己不如别人，就放弃对体育梦想的追求。特别是对于专业的体育运动员来讲，拥有正确的价值观对于他们的成功有着至关重要的作用。由于社会大环境的影响，在一些功利主义思潮的影响下，许多运动员对比赛就抱着一定要夺取奖牌的信念，当然如果没有追求胜利的愿望肯定是不行的，但是如果运动员的功利思想太严重就会成为他们比赛时的思想包袱，这是我们所不赞同的，也是会导致比赛失败的。所以在基础教育中，体育教师就应当向学生灌输正确的体育学习价值观。

（三）树立正确的价值观

1. 理想推动

积极理想地推动作用，是每一个人都拥有的，并且在人的一生中理想会在不同的阶段有所改变。对于体育学习者或者运动员来讲，理想对于他们来说，是如此的重要。

我们知道，体育训练是很艰苦的，它是对人体极限的一种挑战，它要求运动员发挥自己全部的潜力去完成所要求的动作，为了追求“更高、更快、更强”的体育精神，他们要不断地超越自己，向更难的动作、更快的速度发起挑战。这其中的艰辛是一般人难以忍受的，但是运动员却不得不去接受并且做出努力。面对困难时，就会有人想到退却，那么此时理想就发挥了它极其重要的作用。由于它是人们在之前就树立好的奋斗目标，是始终推动我们去努力的精神源泉，因此在遇到困难时，我们美好的理想就会提醒自己不要放弃，要坚持，因为它可以实现你的许多梦想。所以对很多运动员来说，理想是促使他们不放弃训练的精神良药，是推动他们一步步走向成功的法宝。

2. 信念的积极作用

我们知道，信念指引着人的思想和行为。应该怎样想和怎样做；不应该怎样想和怎样做，它为人的愿望、兴趣、态度和行为提供充分的理由，是一种被意识到的具有理论性的价值取向。相对于理想是从宏观的范围上来鼓励人们去奋斗来说，信念为人们提供了更为具体的指导意义，它具体到你的每一个行为、每一个决定、每一个想法。

信念是人的动机系统的重要组成部分，它给人的行为动机以巨大的力量。当运动员遇到困难时，他或许就会说“人定胜天”，只要我坚持，就会成功，于是他便有了战胜困难的力量了。而如果有些人的信念是“失败了就表示我不行”，那么他就真的失败了。所以我们一定要有一个正确的信念，随时指导我们的行为，影响我们的态度。

第二节　体育教学中的个性差异

一、个性的含义

个性一词是从英文“personality”翻译过来的，亦可译为人格。在心理学中，个性是一个复杂而广泛的概念，不同的心理学家对个性有着不同的定义。美国心理学家萨尔瓦多·R. 麦迪(Salvatore R. Maddi)认为，个性是决定每个人心理和行为的普遍性和差异性的那些特征和倾向性比较稳定的有机组合；美国心理学家R. A. 卡利什(R. A. Kalish)认为，个性是导致行为以及使一个人区别于其他人的各种特征和属性的动态组合。

现代心理学一般认为，个性就是个体在物质活动和交往活动中形成的具有社会意义的稳定的心理特征系统。它是个体有别于他人的整个心理面貌，是人类心理的重要组成部分。它不仅使人们的心理活动和行为表现出各自不同的特点，而且还是人们各种心理活动和行为的动力源泉。

二、个性的基本特性

人们经常使用个性这个概念或术语，但对其性质的认识则未必清楚。它的性质的确较复杂，有时甚至看上去是自相矛盾的，因此有必要搞清它的基本性质。

(一) 稳定性

个性的稳定性是指个体的个性特征经常地、一贯地表现在心理和行为之中。在个体生活中那种暂时地、偶然地表现出来的心理特征，不能认为是一个人的个性特征。例如，一个人经常地表现得冷静、理智、处事有分寸，我们才能说这个人具有“自制”的性格特征。至于他偶尔表现出的冒失、轻率，则不是他的个性特征。由于个性具有稳定性，我们才能有效地预测人们在某种情境下的行为表现。

个性的稳定性并不意味着它在人的一生中是一成不变的，随着社会现实和生活条件、教育条件的变化，年龄的增长，主观的努力等，个性也可能产生或多或少的变化。特别是生活中经过重大事件或挫折，往往会使一个人的个性发生较大的甚至彻底的改变。

个性的变化不同于行为的变化。行为变化是由情境引起的、暂时的变化，而个性的变化则是内在的、特质的变化，具有长久性。如一个脾气较温和的人，也可能因急躁而偶尔发脾气，这是行为的暂时变化；但如果由于某种原因而变成一个急躁的人，经常发脾气，这就是个性的变化。

(二) 独特性

个性的独特性是指人与人之间的心理和行为是各不相同的。俗话说“人心不同，各如其面”，个性是因人而异、千差万别的，具有明显的个体差异性。由于每个人的先天遗传素质的不同和后天的生活环境、所受教育以及社会实践的不同，就形成了彼此之间在心理活动过程和表现方式上的个别差异，构成了每个人的独特风格。如有人过目不忘，有人则丢三落四；有人反应敏捷灵活，有人则迟缓刻板；有人活泼、热情，有人则文静、淡漠；有人善于忍耐、胸怀宽广，有人则一触即发、“沾火就着”，这些无不反映了个性的独特性。

强调个性的独特性，并不排除个性的共同性。个性的共同性是指由于受共同的社会文化影响，同一民族、同一地区、同一阶层、同一群体的个体之间具有的共同的典型心理特点。例如，受儒家文化的影响，全世界的华人都有很多相同的个性特征。

（三）倾向性

个性的倾向性是指人们对现实事物所持有的一定看法和态度，它既体现出个体的需要、动机、信念、理想、兴趣和价值观等，又体现在每个人对事物都有自己的选择和特定的行为方式。这主要是因为个性除了受先天遗传因素外，更多地受后天社会实践活动的影响。例如，在一定的社会中，同一民族、同一阶级的人在某些共同的生活条件下生活，逐渐认同了这个社会的风俗习惯和道德观念，就会形成某些共同的个性特点。

（四）整体性

人是作为整体来认识世界、改造世界的。人的个性是一个统一的整体结构系统，是一组心理倾向和心理特征的有机组合。构成个性的各种心理成分和特质，如能力、气质、性格、情感、动机、态度、价值观、行为习惯等，是密切联系构成一个完整的功能系统。某种个性心理特征，只有在个性的整体结构系统中才具有特定的意义。个性对人的心理活动和行为的调节，是由个性系统的整体起作用的。

个性的整体性首先表现为各种心理成分的内在一致性。一个正常的人总能及时地调整其个性中的各种矛盾，使人的心理和行为保持一致。如果没有这种一致性，人就会长期处于矛盾、对立的动机、价值观、信念等的斗争中，人的心理活动就会出现无序的状态，使人产生心理冲突，甚至会导致“人格分裂”。个性的整体性还表现为，在构成个性的各种成分中，有的是主要的，起主导作用；有的是次要的，起辅助作用。起主导作用的成分决定了个性的基本特征。

三、个性差异的形成与影响因子

个性的形成与发展是多方面因素相互交错影响的结果，归纳起来有先天遗传素质和后天的社会生活条件、社会实践和教育等环境因素两大类。

（一）遗传

遗传素质是指个体和种族遗传过程中所具有的某些解剖生理上的特点，特别是神经系统、感官系统和运动系统的特点，是个性形成和发展的自然前提。它为个性的形成和发展提供了物质基础，提供了发展的可能性，并对个性的形成和发展具有一定的制约作用。

在日常生活中，我们经常看到父母与子女之间不仅有颜面和体态上的相似，而且性格和智力也接近，这足以表明遗传对个性的形成具有一定的影响。

（二）环境

先天遗传素质只为个性的形成与发展提供了前提与可能性，只能影响个性的发展，不起决定性作用，不能预先决定个性的发展方向和发展水平。人的个性是由后天的社会环境，特别是社会生活条件和教育所决定的，是在长期的社会实践中，在教育的主导下逐渐形成和发展的。

1．家庭

家长的个性、教育态度和教育方法等对孩子有着潜移默化的作用。家庭是孩子成长的第一所学校，父母是孩子的第一任老师，形象地说明了家庭对人的个性的影响。孩子受家庭的溺爱，会养成任性、娇气、执拗等不良性格；若家庭民主和睦、教育得法，则孩子易形成独立、坚强、乐观助人、有创造精神的性格。

2．学校

学校是社会的细胞，具有鲜明的选择性、可控性和导向性，因而具有教育性。现代社会中人们所受的学校教育长达 9 年以上，而且是在人们个性形成和发展的重要时期。学校教育对个性的形成和发展的影响途径主要有：老师的言传身教作用、学生组织与学生社团的影响、教材和参考读物的影响。

3．文化

文化是指不同人群所处社会组织的独特方式。生活在特定文化环境中的个人，接受来自家庭和社会的价值观念以及普遍认可的行为规范。同时，文化还界定了不同社会角色的规范。例如，美国人崇尚独立和竞争，而在日本合作及团队精神备受推崇。一般来说，在同一文化背景下，人们彼此之间有很多共同的信仰、共同的风俗、共同的传统以及共同的行为规范。

4．社会阶级和阶层

在阶级社会和有阶级的社会中，每个人都属于一定的阶级、处于某个阶层，这使得人们的个性不可避免地被打上阶级和阶层的烙印。

此外，人们所担任的社会角色，对其个性的形成和发展也有一定的影响作用。

（三）情境

一般来说，个体的个性是稳定持久的，但在不同的情境下会有所改变。情境是指在特定情况和环境下表现出的个性的“特殊性”。例如，一个平时能言善辩的男孩子，在自己喜欢的女孩面前可能会表现得语无伦次、不知所措；一个平时柔弱的女孩子，在歹徒面前可能表现出非同寻常的勇敢与刚强。不同的情境会使一个人表现出不同的侧面，因此不应该孤立地看待个性模式。

总的来说，人的个性是由先天的生物遗传和后天的社会实践活动、客观因素与主观因素等相互作用和融合的产物。但人并不是消极、被动地接受后天社会环境的影响。人们在社会实践活动中，在与外界环境相互作用的过程中，形成和发展自己的个性。在相同或相似的环境中生活和成长的人，由于其社会实践的不同、主观努力的倾向不同，会形成不同的个性。因此说遗传决定论和环境决定论都是片面的。就个性的不同成分来看，先天遗传素质和后天环境因素的作用是不一样的。如人的气质、智力等受遗传因素的影响更大些，而人的性格、价值观等主要受后天环境因素的影响，因为遗传决定了人的内分泌系统的平衡性，决定了一个人的气质。

四、个性理论及其应用

(一) 卡特尔的 16 人格特征——人才选拔、就业指导及心理咨询

20 世纪 40 年代，美国心理学家雷蒙德·卡特尔(Raymond Cattel)经过长期的研究和大量的量化分析，编制了 16 种个性因素问卷。该问卷被认为是最典型的个性因素分析问卷，在临床、工商业、政府及教育部门有着广泛的应用，特别是在人才选拔、就业指导及心理咨询等方面具有较高的使用价值。

卡特尔认为，人的个性是由许多特性构成的，由于各种特性在一个人身上的不同组合，构成了不同于他人的独特个性。卡特尔又用低分特征和高分特征的两极性形容词组来形容这 16 种个性特征(表 5-1) 。

表 5-1　卡特尔的 16 人格特征[①]

特质名称	低分特征	高分特征
乐群性	缄默、孤独	乐观、外向
聪慧性	迟钝、学识浅薄	智慧、富有才识
稳定性	情绪激动	情绪稳定
恃强性	谦虚、顺从	好强、固执
兴奋性	严肃、谨慎	轻松、兴奋
有恒性	权宜、敷衍	有恒、负责
敢为性	畏缩、退怯	冒险、敢为
敏感性	理智、注重实际	敏感、感情用事
怀疑性	信赖、随和	怀疑、刚愎
幻想性	现实、合乎成规	幻想、狂放不羁
世故性	坦白直率、天真	精明能干、世故
忧虑性	安详沉着、有自信心	忧虑抑郁、烦恼多端

[①] 傅永刚，陈树文.组织行为学[M].北京：清华大学出版社，2010，第 65 页.

续表

特质名称	低分特征	高分特征
保守性	保守、服从传统	自由、批评、激进
独立性	依赖、随群附众	自主、当机立断
控制性	矛盾冲突、不明大体	知己知彼、自律严谨
紧张性	心平气和	紧张困扰

(二) 阿吉里斯不成熟-成熟理论——提升员工成熟度，营造良好工作氛围

个性处于不断成长的过程中，在组织中担任着不同的角色。组织的价值观、行为方式规范着员工的行为方式，影响着员工的成长和成熟。

美国行为学家克里斯·阿吉里斯的“不成熟-成熟”理论影响最为深远。该理论认为，在人的个性发展方面有一个过程，就是从不成熟到成熟，最后发展成为一个健康的个性。人的个性发展过程一般要经过以下 7 种变化(表 5-2)。

表 5-2　阿吉里斯不成熟-成熟理论

不成熟的特点	成熟的特点
被动性	能动性
依赖性	独立性
办起事来方法少	办起事来方法多
兴趣淡漠	兴趣浓厚
目光短浅	目光长远
从属的职位	显要的职位
缺乏自知之明	有自知之明，能自我控制

阿吉里斯主张有效的管理者应该帮助员工从不成熟状态转变到成熟状态，如果一个组织不为其员工提供使他们成熟起来的机会，那么员工就会变得忧虑、沮丧、无创造性，并且有可能会以违背组织目标的方式行事。

在管理实践中，管理者应该营造不断提升员工成熟度的工作氛围。要做好以

下几个方面的工作：重视员工教育和培训，因为一个人从不成熟到成熟，决定因素是知识和经验；实行参与式的以员工为中心的领导方式，让员工充分施展个人才能；加强员工的责任感，激发责任心和创造性。

（三）霍兰德个性类型与职业环境相匹配理论——根据个性合理配置人员

管理者在人员招聘和职务配置上，要全面了解和掌握员工的个性，明确员工的优势和劣势。做到人尽其才，才尽其用，能职匹配，即个性和职业的相互适应问题。在这方面，20 世纪 60 年代，美国职业心理学家约翰·L. 霍兰德(John. LHolland)收集了大量的资料，获得了从事不同职业的人的典型个性模式，建立了一种个性类型与职业环境相匹配的理论。他指出，员工对工作的满意度和流动的倾向性，取决于个体个性与职业环境的匹配程度，如下所示(表 5-3) 。

表 5-3　霍兰德个性类型与职业环境相匹配理论

个性类型	个性特点	职业范例
现实型(R)	喜欢需要技能、力量、协调性的体力活动；害羞、真诚、持久、稳定、顺从	机械制造、建筑、渔业、野外作业、实验员、技师、工程安装
研究型(I)	喜欢思考、组织和理解的活动；思考、独立、好奇、创造	经济学家、数学家、化学家、新闻记者
社会型(S)	喜欢帮助和提高别人的活动；友好、合作、善解人意	教师、心理学家、职业指导师、社会工作者、服务行业
传统型(C)	喜欢规范、有序、清楚明确的活动；保守、高效、实际、自控、缺乏灵活性	银行审计员、会计、图书馆管理员、统计员、计算机操作员、业务经理
企业型(E)	喜欢能够影响他人和获得权力的活动：自信、进取、精力充沛、盛气凌人	法官、推销员、社会活动家、政治家、小企业主、经纪人
艺术型(A)	喜欢创造性表达的模糊且无规则可循的活动；富有想象力、无序、理想、情绪化	画家、音乐家、诗人、导演、剧作家、室内装饰、广告设计

霍兰德所划分的六大类型，并非是并列的而是有着明晰边界的。他编制了一

个职业倾向测量表，其中包括 160 个职业项目，让测试者回答是否喜欢这些职业，然后以此数据为基础，以六边形标示出六大职业类型的关系图(图 5-1)。

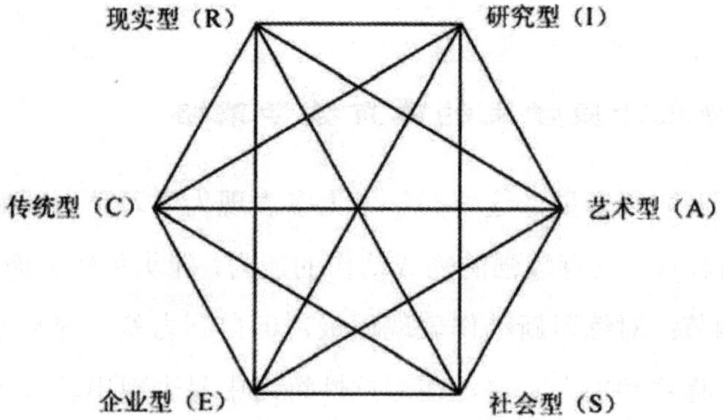

图 5-1　职业类型关系

这一理论的关键在于：第一，不同的个体在个性方面存在着本质差异；第二，不同的工作对个性有着不同的要求；第三，当工作环境与个性类型相匹配时，会产生更高的工作满意感和更低的离职率。根据霍兰德的个性类型理论，在职业决策中最理想的是个体能够找到与个性类型重合的职业环境，这样容易得到乐趣和内在满足，最有可能充分发挥自己的才能。因此，在职业选拔与职业指导中，首先就要通过一定的测评手段与方法来确定个性类型，然后寻找到与之相匹配的职业类型。

第三节　体育教学的因材施教

一、分类型对待的教学策略

在体育教学中要做到因材施教，不仅要考虑学生身体发展的特点，还要考虑学生的气质差异。因为气质是人的心理活动的稳定的动力性特征，这些特征主要表现在心理过程的强弱、变化的快慢、稳定性及指向性上。在体育教学中不同气质学生对相同的教材、教法，具有不同的反应。根据心理学上不同的气质类型，体育教学中要正确对待学生的气质差异，充分利用其积极的因素，克服其消极因素。

（一）对待胆汁质学生的体育教学策略

胆汁质类型又叫兴奋型，这一类学生大多表现为学习精力旺盛，反应迅速，动作技能掌握得较快，具有较强的完成动作的能力，能承担较大而集中的运动量，但不注意动作细节；对练习新动作表现积极，但自制力差，容易冲动地去做力所不能及的动作；喜欢和别人竞赛，在对抗性练习中易表现出较强的攻击性，容易与同学发生不良冲突。

对这类学生的教学指导，应尽量多采取正面教育，充分肯定他们积极热情的优点，引导他们向生机勃勃、勇敢顽强的方面发展。同时要适当控制他们的兴奋性，培养其自制能力。对这类学生，准备活动相对短些，讲授新动作可以完整教法为主或缩短分解练习的过程。尽可能通过规则、程序和较严格的教材培养他们的耐心、沉着、稳健。在练习动作时要求他们注意动作的细节部分，提高动作的规格化，并要求其以友好的态度对待他人，培养自我控制能力。在安排对抗性练习时，应尽量避免两个胆汁质类型的学生在一起。同时，还要注意安全教育，培养保护和自我保护能力，克服盲目情绪产生。

（二）对待多血质学生的体育教学策略

多血质又称活泼型，这类学生的动作反应迅速，灵活性高，接受和模仿能力强，动作技能的掌握较快。但缺乏毅力，往往要求较快地掌握动作，一旦基本掌握就容易满足。在学习中容易只追求做出动作，而不注意动作的细节；学习的情绪容易激发，但注意转移快，情绪不易稳定；对难度大的动作有浓厚的兴趣，喜欢自己琢磨，但不愿学习较简单的动作。

对这类学生，应该教育其明确学习目的，培养认真钻研的学习精神。在学习动作开始时，对他们不要过多地具体指导，只需讲清动作要领让他们自己钻研。要选择多种教学内容和灵活的教法。可多采用一些示范法，以适应其模仿能力强的特点。在动作掌握到一定程度时，应对其提出更高的要求，必要时可以增加新的动作技能，要防止凭兴趣学习。要多安排一些活动机会，在一种学习内容上练习时间不宜太长。在完成动作后，教师要启发他们积极地思考，找出动作中的不足之处。

（三）对待黏液质学生的体育教学策略

黏液质又称安静型，这类学生踏实且耐力强，情绪较稳定，不易外露，但动作的灵活性不高，动作迟缓；学习有惰性，缺乏主动性；注意力较集中，且不易转移；对有难度的动作常常出现畏惧情绪，有时回避练习；对所学的动作一旦产生了兴趣，则能表现出较强的积极性，并能坚持较久，但掌握动作速度较慢。

对待这类学生，应当帮助他们树立学习的信心，启发他们积极思维，踊跃参加练习活动。这类学生准备活动时间要长一些，在学习初期要给予其具体细致的指导，要多采用分解教学法。在动作初步学会后，以自觉练习为主。可经常指导一些快速动作或灵活性要求高的动作，以及采用游戏法、竞赛法来提高他们的兴奋程度。

（四）对待抑郁质学生的体育教学策略

抑郁质又称抑郁型，这类学生学习认真细致，善于观察，动作细致，情感体验深刻，但学习动作反应迟钝，灵活性差，学习信心不足，缺乏主动性，不会主动请求教师和同学的帮助和指导，常常出现“站课”、“混课”等不良现象，掌握动作的速度较慢。

对待这类学生，应当鼓励和培养其勇敢、大胆、果断的大无畏精神。教师应主动接近他们，特别是在学习新动作时要对他们做耐心的指导，多采用正误对比的示范方法，引导其建立正确的运动表象。采用连续变换的练习方法，提高学习积极性。必要时可适当降低要求或放慢学习速度。对于微小的进步，教师应及时给予肯定，帮助他们树立学习的信心，让其独立进行练习。指导他们多参加一些灵活性较强的活动，并选择不同的标准使每个人都能够获得成功，即使出现失误也不要过于指责，更不要让学生进行错误示范。

二、根据学生的体育能力差异来教学

体育能力是个性在掌握一定的体育知识、动作技能的前提下所获得的从事运动的稳定的个性心理特征，也是从事体育运动的最基本的心理条件，是取得和提高体育活动效果的决定条件。学生的体育能力可以概括为体育认识能力、身体运动能力、自我锻炼与评价的能力、自我调节的能力。

这四个要素在不同学生的身上就形成不同的结构，由于结构的不同，就形成了体育能力的差异。只有把握了学生体育能力上的差异，才能做到因材施教。根据体育能力的差异大致可以将学生分为以下三种类型：

体育特长生。这类学生四个要素基本上已经形成最优化结构，具有较高的体育能力，主要表现为体育知识和技能达到熟练化、系统化和结构化，并能灵活运用；自我锻炼积极，具有自我评价和自我完善的能力；掌握技能既快又好，思维敏捷。这类学生学习体育比较自觉，但仍需要体育教师按其特长进行指导，使他们在原有的基础上进一步提高。可以在教学之外安排一些难度较大的动作技能，以激发他们的求知欲望，使其觉得每一次课后都有收获，也可以要求他们每人负责帮助一名基础差的同学，培养他们分析动作、概括动作要领、纠正错误动作的能力。

体育困难生。这类学生明显跟不上学习进度，完成体育学习任务感到困难。他们的体育能力处于劣化结构状态。造成这种状况的原因包括：① 身体素质差；② 体育基础差；③ 学习态度欠认真；④ 缺乏自信心；⑤ 智力水平低等。对于体育困难生，首先应当提高他们的自信心，对于经过他们努力取得的每一点进步都应给予及时的肯定和表扬，使他们对学习新技能产生信心，消除紧张心理。其次，可以由学习好的同学对他们进行专门辅导，或由教师加强对他们的指导。第三，要消除其他人对他们的轻视，提高他们在集体中的地位。

体育能力一般的学生。这类学生基本能完成教师要求和布置的基本学习任务，但学无余力，学无特长，学习效率低。其中有的学生在体育能力四个要素的某个方面存在着严重的缺点。比如，学习态度认真，但身体运动能力差，锻炼方法死板等。对于这类学生，应针对其主要存在的问题加强指导。

根据不同学生的类别进行有差异的教学，这是在教学中必须始终坚持的一项基本要求。同时，要根据学生的体育能力差异照顾学生的学习差异。在一个班级中要照顾学生的学习差异有几条基本途径：一是同教材，同要求，异进度；二是同教材，同进度，异要求；三是异教材，异进度，异要求。同一个班级学生采用不同教材，学习不同内容，这对于我国班额比较大的情况显然是行不通的。经实践表明，同教材，同进度，异要求是在班级教学中照顾差异的明智的教学策略。

三、多样化的教学组织形式

由于各个学校的学生在身体素质和主观学习意识的努力程度上的不同，决定了一个班级的学生体育知识、技能和技巧的学习存在明显的个性差异。这就要求教师应对各种不同的学生采取针对性的措施，实施有差异的分组、分层教学，对全体学生进行因材施教。这也是培养学生竞争意识，适应未来社会激烈竞争的需要。

（一）个别指导

个别指导是体育教学组织的最基本的形式，它的教学优点是可以根据每个人的能力和特点进行不同的教学指导，发挥个人最大的潜能。

在技巧前滚翻教学中，有个别学生出现团身不紧的动作错误，教师“一对一”进行个别纠正，这种教学方法由于效率低，不适应教育普及的需要而被分组教学取代。但这种组织形式适合于教学过程中教师纠正个别学生在技术掌握方面存在的个性错误。

（二）分组教学

分组教学是一个班分成若干小组，以组来进行指导。这种组织形式既保留了班级教学的长处，又在一定程度上解决了因材施教、区别对待的问题。这种教学的分组通常是按性别、体能、技术、兴趣等因素来进行的，每组指定小组长，起着“小教师”的作用，教学过程中学生之间虽有联系，但不密切。

1. 性别分组教学

性别分组是根据男女生生理和心理差别进行的一种分组。它的优点是既考虑到学生男女之间生理和心理的差别，又考虑到教师个人特长的发挥。例如，中学选修课教学中，男生选修武术、足球等。女生选修健美操、艺术体操等。这种分组形式适合于教师数量和场地器材设备不足的学校，适合于高中、初中、小学高年级的教学。

2. 体能分组教学

体能主要是指身体素质、运动能力。体能分组教学是根据学生不同的体能(好、中、坏)进行分组的教学。按体能分组针对性强，从体能角度考虑区别对待，又具有一定的灵活性。它可以是固定的，即每一节课或某个单元，始终按体能分组形式出现；同时又可以是临时的，可根据教材、课的类型随时进行分组。

如在耐久跑教学中，依体能分成数组教学；又如俯卧式跳高，复习课教学中按学生实际跳跃的高度递升，临时组成四个不同的高度的组别进行教学，这种分组教学既能使体能好的学生吃得饱、体能中等的学生吃得好、体能差的学生吃得了，又能充分利用学校的器材，适合于小学高年级和初中、高中教学。

3. 技术分组教学

根据学生某一技术完成得好与差进行分组。技术分组可按临时、固定、晋升分组。临时分组是根据学生练习动作的好差决定的，固定分组是在临时分组的基础上进行的，只局限于某课时或某单元的教学，这种固定分组在一定的条件下，还可以进行晋升分组。

如在中学支撑跳跃——跳箱技术教学中，依学生掌握动作的情况分成甲、乙、丙三组，甲组以跳标准箱为主，乙组以跳过一定高度的山羊为主，丙组以做辅助性练习——助跑、踏跳动作为主。通过练习，乙、丙组完成动作较好的晋升到甲、乙组。

这种分组教学是从学生掌握动作的情况考虑区别对待的，具有灵活性、针对性、实效性。但它是在性别分组的基础上进行的，有一定的局限性。它适合于复习课的教学，但对技术要求不高的教材和发展身体素质的练习等不适用。

（三）友伴群体教学

友伴群体教学是一种小群体的分组教学形式，教学中让学生自由结成“友伴群体”，按教师的要求创造性地进行锻炼，在互为裁判、互为教练、互相帮助的过程中使每个学生有发挥自己特长的机会，从而体验到获得成功的快乐。这种分组只有当学生之间关系协调和目标一致时，才能形成一个小群体。个性间感情交流，彼此激励、互相配合、互相帮助、齐心协力、共同提高、充分调动学习的积极性，体现学生间良好的人际关系，有利于培养学生自觉锻炼的习惯，使学生发挥内在的潜力。这种形式与教师主导型的班级教学和分组教学不同，它是把学生作为学习的主体，以促进其自主地、协同地学习为目的。它适合于各项教材的教学课，尤其适合于复习课的教学。

（四）分层次教学

分层次教学是指在人的发展过程中，由于受遗传、家庭及社会环境因素的影响，学生在发展过程中存在着不同的生理、心理的个性差异。根据学生的认知能力和掌握能力，教师在安排课堂教学内容、教学手段、教学方法上应符合学生实际学习的可能性，分层教学、分层指导、分层评价、使每一个学生都能在原有基础上得到完善和提高。

第六章　体育网络课程的开发

第一节　体育网络课程开发及现状

一、体育网络课程概述

（一）体育网络课程的概念

什么是体育网络课程呢？至今，体育教育界并没有一个统一的概念。作者认为，体育网络课程是学校根据一定社会对体育教育目的、要求，以教育技术和媒体手段为课程载体，结合体育网络教学设计思想而组成的，适合体育网络教学内容和教学活动的总和。它包含了体育网络教育目标、教学内容、教学活动乃至评价方法在内的广泛的概念。体育网络课程除了要考虑课程建设的一般要求外，还要考虑教育信息的传播方式发生改变而产生的教育理念、教育模式、教学方法等的诸多变化。在这特别需要说明的三点是：第一，我们不能把体育网络课程看成是整个体育网络教学系统的代名词。第二，必须整合课程的教学内容与教学支撑的环境。第三，我们必须搞清体育网络课程是“软件课程”还是“课程软件”的问题。否则，我们无法界定体育网络课程的具体形态，容易造成实践中的技术至上和体育网络教学支持平台的低水平重复开发，也很难进行标准化的网络课程质量评价与管理。

要开发体育网络课程，就必须了解体育网络课程的特征，根据其特征选择最佳开发模式。那么，体育网络课程的特征是什么呢？这需要我们首先了解体育网络课件的特征。

(二) 体育网络课程的特征

1. 体育网络课件的特征

(1) 运动动作图像化。

受体育专业教学方式的影响，直观教学作为体育专业传授技艺和学习技能的重要手段之一越来越被重视。从20世纪50年代起，我国体育专业领域就有人把专业运动员在比赛或训练中的场面用电影摄像机拍下来，再放给运动员看，用以纠正运动员的动作。体育网络课程资源开发的过程中，教师可以通过对运动数据的捕获、生理生化和心理数据的采集、图示化训练效果分析、提高体育网络课程资源的有效性及其质量。它的最大特点是能够稳定或慢速甚至重复显示动作的方向、位置、路线以及身体各部分的相互关系，便于突出动作的关键部分，有利于观察和分析技术和战术。

(2) 图像动作仿真化。

从运动技术这一视角来看，运动成绩要获得提高或者突破就必须在运动技术研究方法学上完成两个转变，即从传统的主要基于人眼观察到基于高精度运动捕捉与分析的人体运动技术测量方法的转变；从基于包含太多的感情色彩的经验方法到基于程序化的人体运动模拟与仿真的人体运动分析方法的转变。运动技术仿真是要通过虚拟现实技术(Virtual Reality Technology) 再现学生的技术动作诸细微环节、教练员的训练意图以及训练过程。运用虚拟现实技术，可以细化体育技术动作的展示，例如对同一姿势，学生就可以从不同的角度去观察动作要领。

(3) 动作仿真微格化。

随着计算机辅助教学技术的进步，体育教学的一个重要内容是讲解技术动作的分解变化过程、与技术动作相关的步伐或姿势变化过程、集体项目战术配合中的队员位置及运动线路变化过程等。到了20世纪80年代中后期，由于摄像机的普及，在专业运动训练领域，采用微格教学近似的方法来纠正运动中的错误动作和技术的现象比较普遍。20世纪90年代以后，在一些体育院系，就开始针对体育教育专业进行提高课堂教学技巧的微格教学活动。

2．体育网络课程特征的具体表现形式

(1) 技艺性。

从当前人们对体育课程的学科性质与特征所持的基本共识可以知道，体育课程是通过身体活动进行教学和教育，是一门“技艺性”的学科。这就决定了体育网络课程不同于一般文化课程的认知过程，是一种身体认知，也就是说，体育网络课程既要使学生掌握必要的体育理论知识，同时要通过多媒体课件，演示体育运动动作，把教师很难示范清楚的技术环节，用动画或影像采用慢动作、停镜、重放等方法表现出来，并给予必要的分析和讲解。例如：以球类(羽毛球) 网络课程为例，制作羽毛球技术动作图。在授课之前，教师要让学生看懂并理解图中的动作，初步建立动作概念，学生通过看图并想象网前勾对角线技术动作，使学生头脑中的技术动作形象更加逼真。采用慢动作、停镜、重放等方法重复多次，使动作概念逐渐由模糊到清晰。当然，技艺性特征中也包涵了体育网络课程的目标、课程的功能等方面。

(2) 动态性与非线性。

动态性是指体育网络课程的学习内容是及时更新的、可生长的。它可以不断吸收本学科领域最新的科技成果和前沿信息，保持鲜活的学习内容；也可以在教学过程中，通过教师和学生不断扩充新的内容。非线性是指体育网络课程的内容结构方式是非线性、超链接的，这是由 Web 本身的特性所决定的。非线性的信息表达方式有助于培养学生的联想式、发散式思维。

(3) 多维性与多元性。

多维性是指体育网络课程内容表现形态的多维性。网络课程的内容可以通过文字、图形、图像、声音、动画和视频等多媒体形式来表现，可以二维模拟、三维仿真，还可以通过虚拟现实实现多维的教学信息传递。多元化是指体育网络课程具有多种文化特性，体现了多种不同文化的集合。一方面，由于体育网络课程的开放性和扩展性，通过 Web 实现跨地区、跨国界的网站链接，使得体育网络课程的内容构成上具有多种文化的成分；另一方面，在教学活动过程中，不同地区、不同国家、不同文化背景的人共同参与网络课程的学习、讨论、交流和协作，他们具有不同的思维方式和表达方式，使得教与学的过程充满了不同文化的融合和碰撞，从而形成了多元文化的特性。

(4) 整合性。

整合性是指体育网络课程体现了信息技术、信息资源、信息方法、人力资源、课程内容和现代教育思想的整合，是一种新型课程模式。

(三) 体育网络课程的目标

课程目标是课程开发的起点和归宿，它直接影响整个课程的设计、开发方向，决定着课程的实现与收效。明确体育网络课程的目标不仅可以兼顾课程教学内容的逻辑体系，而且可以兼顾教师的教与学生的学．兼顾课程的内容与社会的需求关系。我们以体育教学论网络课程为例：体育教学论网络课程的目标就是要结合体育学科本身的特点、教育目标、培养目标、学生特点以及社会需求而制定。包括以下四个目标：①使学生掌握体育教学基本规律，指导其当下的专业学习以及今后的体育教学实践工作；②使学生把握体育教学的基本要素，客观地认识体育教学本质，建立起宏观与微观、局部与整体、理论与实践对立统一的整体体育教学观；③使学生掌握体育教学方法，提高教学技能；④推动体育教学研究、完善体育教学理论。

(四) 体育网络课程的重点、难点及解决办法

作为一门理论课程，体育教学论网络课程的重点是理论部分的教学；作为一门“实践性”非常强的理论课程，体育教学论网络课程的教学又离不开体育实践。针对体育专业本科学生理论比较薄弱的难点，理论课教学要直观化、层次结构化、案例化；针对本科学生缺乏大量教学实践经验的难点，构建体育教学论的理论结合实践的校内平台，使学生的理论学习成果实现有效及时的迁移和运用，为此需要建立教师协作组织，将实践课程教师纳入进来，使专业教师首先掌握和随时运用“体育教学论”；针对学生了解一线教学实际不够的难点，我们建立学生课外理论结合实践的校外平台(如中小学实习基地)，布置课外实践观摩作业，提高理论

结合实践的能力和水平。

二、体育网络课程开发的现状及问题

（一）质量意识淡薄

质量意识是对质量重要性的认识，是质量观的基础理念。提高体育网络课程质量意识也是体育远程教育与学校体育教育永恒的主题和生命线。目前，虽然学校已经感到质量对体育网络课程意味着什么，但是上至学校领导，下至课程开发的具体教师，也没有搞清究竟要达到什么样的质量要求。学校只注重课程的开发，对质量工作重视程度不够，质量意识在体育网络课程开发中只是一种潜在意识。针对体育网络课程的特殊性，应该具有的质量评价指标不明确，这就导致了目前这种没有明确的质量方针和具体质量目标意识现象的出现，也导致了手工作坊式的开发模式与经验型管理方法的出现。

（二）教职员工参与度不够

体育网络课程质量管理，是一个系统的工程，它不是学校某个部门，也不是某个教师就能做到的。它涉及学校的方方面面，涉及一大批参与的教职员工。因此，它要求所有与体育网络课程开发和质量管理有关的人员必须高度重视，学校也必须要让每一个人都清楚自己所在岗位的工作标准或质量定义，并充分参与，才能确保最高管理者所做出的各种承诺得以实现。而实际情况是，体育网络课程的开发几乎全部转移到课程申报负责人身上，其他教职员工参与程度很低。

（三）管理责任不明确

建立体育网络课程质量管理体系，其中一个重要的任务就是要落实管理责任问题。保证体育网络课程质量，落实各级管理人员责任，尤其是领导责任，这是一个长期的、持续的过程。应该说管理责任落实，贯穿于整个体育网络课程开发的全过程，尤其是进入实质性开发阶段，能否克服各种困难和阻力，严格按质量要求办事，关键在于各级管理责任的落实。目前体育网络课程的质量管理，虽然也突出领导统领全局及教师责任的作用，但由于没有把职责切实分解和落实到每一个部门和岗位，使学校对课程的质量管理工作流于形式。

（四）质量管理方法落后

目前，绝大多数学校的管理活动局限于以行政评价为主，对结果的评估、质量检验仍是控制质量的最常用的手段。也就是说，对体育网络课程的质量管理，仍旧停留在事后检验阶段，对开发过程中的质量要求，基本转移给具体的开发教师，而开发教师只能说是有一定的质量意识，就如何系统地进行质量管理并没有一个具体的方法。况且，很多质量管理上的事情，也不是开发教师所能够做到的。从这个方面看，体育网络课程的质量管理，已经明显地落后于企业的管理水平。

（五）持续改进动力不足

事物是发展的，会经历不完善的过程。在体育网络课程开发中，学生对于课程的要求也在不断地变化和提高。因此，学校必须建立一种持续改进机制，使学校适应这种变化。现有的情况表明，很多学校只注重短期效应，期望立竿见影，并没有在开发前期依靠学校的组织资源、人力资源建立一种持续改进机制，即使有这样的文件存在，也很少在开发的过程中以及后续的开发中得到落实。不然的话，就不会出现课程没有更新，学生随意乱用的情况。持续改进动力不足，给学校体育网络课程的发展留下隐患。

第二节　网络课程的开发模式

一、体育网络课程开发的依据与原则

（一）体育网络课程开发的依据

1．体育教学设计论

体育教学论网络课程的开发，只有坚持体育教学设计论，才能有效地依照体育教学的原则，通过体育教学目标设计、教学策略设计、体育教学方法和手段的设计达到体育教学论网络课程教学的最优化。把体育教学设计论作为体育教学论网络课程的理论基础，其目的在于防止在开发过程中一味地追求网络教育的特性而忽视体育教育的特殊性。

2. 建构主义学习理论

建构主义学习理论认为，学习者应在一定的情境中获得知识，以“学”为中心进行学习环境设计。体育教学论网络课程的开发正是基于建构主义理论而开发和实施的。因此，它要求教师在依据建构主义学习理论进行课程开发与实施的时候，强调和注重情景、问题、学习资源、协作、互动、交流、引导等支持自主学习的教学策略的设计，设计多元而又富有个性的学习内容和学习方式，给学生提供一个自主学习的环境，让学习者借助资源、交互、协作等外界帮助，通过自己的经验解释和情境关联使自己的学习适应一个特定情景的实际。

具体到体育网络课程教学中，建构主义学习理论对体育网络课程教学策略起到不可低估的作用。以体操教学为例。情境设计：体操项目多、内容丰富、可利用的器械多，而且可以采用不同的辅助练习手段，便于设计情景。独立探索：在体操教学中并不是直接告诉学生该动作应该怎样做、技术要领是什么，而应该先让学生根据自己现有的知识、技能和掌握的信息去独立探索，老师在这个过程中要注意引导。协作学习：体操练习必须采用保护与帮助，通过这一手段不仅能进一步提高学生对动作技术的理解，同时也加强了学生之间的协作精神和团结友爱、共同提高的氛围。会话交流：体操动作技术细腻，技术环节多，容易出现技术上的不同错误，教学中的会话交流能有效地敦促学生运用现有的知识和技能开动脑筋，便于教师引导和学生讨论交流。意义建构：体操课的意义建构就是我们的体操教学目标建构主义模式中的情境设计，教学策略都是为它服务的多样化、兴趣化的建构主义教学策略，又易于体操教学的目标达成。因此，采用建构主义教学模式能有效地展现其模式中的情景、协作、会话、意义建构这四大属性。

3．人本主义学习理论

以卡尔·罗杰斯为代表的人本主义学习理论认为，学习不是刺激与反应间的机械联结，而是个人潜能的充分发展，是自我的发展，是一个有意义的心理过程。学习是以个体的积极参与与投入为特征，在自我实现的倾向中产生的一种学习，学习者可以自由地去实现自己的潜能，求得自己更充分的发展。因此，体育教学论网络课程开发在坚持建构主义学习理论的同时也必须注意到人本主义学习理论对体育教学论网络课程的影响，重视以学生为中心，重视创设真实的问题情境和协作学习模式，注重以培养学生主动学习、创造性学习为导向，调动学生主动参与学习过程，让学生充分获得自己想要的体育知识，实现自己的潜能。

（二）体育网络课程开发一般原则

1．科学性原则

体育教学论网络课程开发是一个庞大的系统工程，它涉及面广，影响大，因此其科学性原则要求相当高。科学性原则在体育教学网络课程的开发过程中主要体现在两方面：一是体育教学论网络教学内容的科学性；二是体育教学论网络课程平台的科学性。

2．开放性、协作性与交互性并举原则

能让教师方便、及时地对课程的体系和内容进行调整和更新，首要的问题就是实现其开放性。体育教学论网络课程的开放性必须从技术的层面和内容的层面进行开放。技术的开放要求其设计者留有必要的技术空间以备教学需求升级的需求；内容的开放要求教师调动多方面的积极性，充分利用教学资源对体育教学论网络课程不断充实、完善。开放性的体育教学论网络课程体系中，协作性原则就显得尤为重要了。从网络课程开发的层面来讲，一个强大的网络课程体系，不可能依靠某一个教师来完成，它要求课程开发者协调工作，积极地参与到建设过程中；从学生学习的层面来讲，学生在学习过程中通过网络来支持学生与学生、学生与老师之间的协作，才能更好地协同完成学习任务。协作性观念提出的同时也对交互性提出了要求，教师通过交互可以使他们更全面、更及时地了解各个层次学生的学习情况，及时调控自己的课程教学；通过交互学生可以选用不同的路径、不同的方式进行自主学习，并及时地对学习结果做出反馈。开放的体育网络课程为体育网络课程体系搭建了一个平台，在这样一个平台中通过协同工作，多向互动，充分实现师生之间、学生之间和人机之间的信息交流，使体育课程教学成为一种多向的信息流动过程。三者的有机统一是体育教学论网络课程开发的根本要求。

3．可持续发展的原则

高校体育网络课程出现开发各自为战、教师盲目开发、学生用之寥寥、课程开发流于形式等不良现象，亟待我们本着可持续发展的战略思想，用科学的理论，发展的办法构建体育网络课程质量管理体系的学科规划，精心组织才能消除上述的不良现象，带动体育网络课程开发的进一步发展，最终实现体育网络教育的可持续发展。体育教学论网络课程的开发同样如此，必须本着可持续发展的原则，搭建现在的学习与未来的体育教学实践之间的桥梁。

二、体育网络课程的教学设计思想

体育教学论网络课程教学设计的好坏决定了整个课程质量的高低。传统体育教学设计的弊端在于以教师为中心，只强调教师的“教”而忽视学生的“学”，使学生处于被动接受状态，学生的主动性、积极性难以发挥。体育网络课程能有效克服传统体育教学设计的弊端，突出以“学”为中心，强调和注重情境创设、协作、互动等支持自主学习和协作学习的体育教学策略设计，使教学设计在整个体育网络课程的教学过程中发挥前导和定向功能。同时，教学设计的每一个环节要落到实处，离不开教师的主导作用。只有把教师主导作用的发挥和学生主体地位的体现有机地结合，才能有效地达到体育网络课程所要达到的“主导与主体结合”的教学设计思想(图 6-1) 。

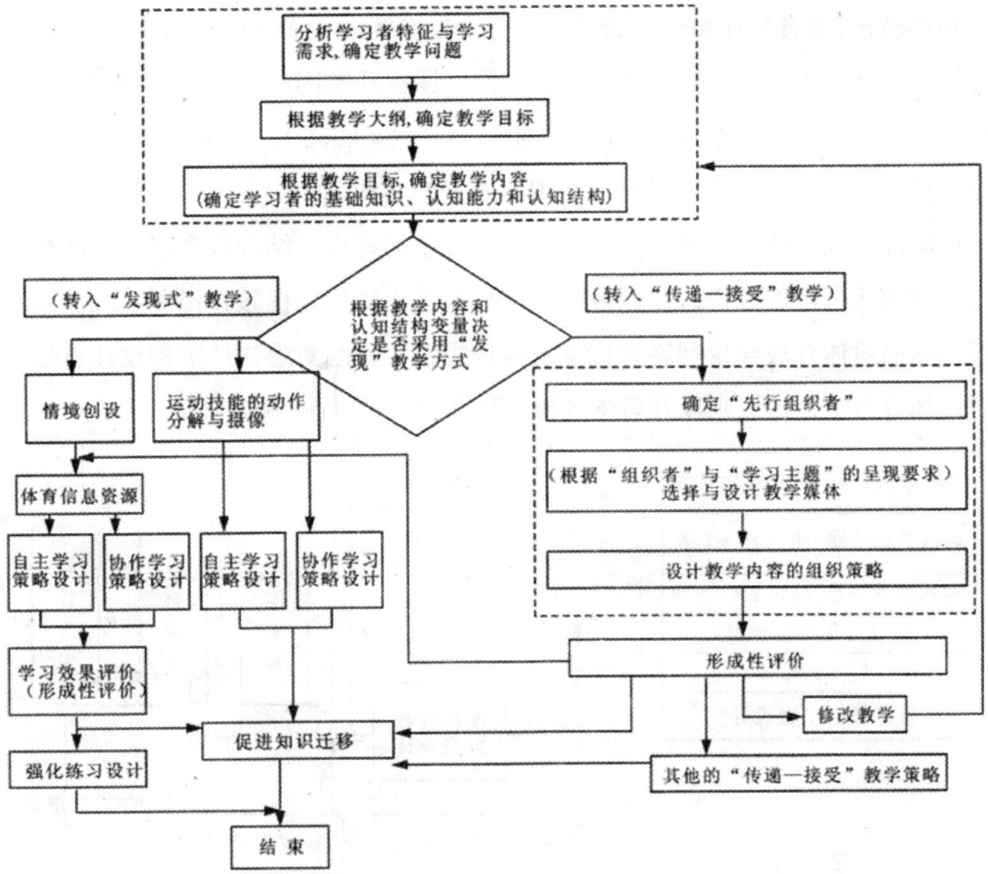

图 6-1　“主导与主体结合”教学设计流程

体育网络课程实践教学设计贯彻“围绕课程内容，将理论运用于实践，将实践提升到理论”的思想。体育网络课程所有带有“实践性”的内容，其问题解决不可能在有限的理论课中解决，特别是能力的培养极大地依赖课外的训练。在理论课的教学中，我们也改变过去由体育教师一言堂的教学形式，运用现代教育技术手段，采取多种实践性教学模式，如参与讨论的模式、案例教学模式等。

三、体育网络课程的开发流程

目前，网络课程开发，大体分两种模式：一是教师课题组模式，二是商业公司制作模式。前者只注重了从教学设计上开发网络课程而忽略了网络课程的开发，也没有把软件工程设计思想贯穿于整个网络课程开发，导致了网络课程的开放性、协作性与交互性能力不强；后者只注重教材、教案的网上“搬家”，缺乏对先进的教学设计思想、有效教学内容的组织及丰富教学活动的实现。考虑到这两种模式的局限性，以及体育网络课程要实现远程教学的特点，结合教育部高等教育司颁布的《现代远程教育资源建设技术规范》中关于现代远程教育资源系统体系结构图，本书对体育教学论网络课程开发流程提出一种既考虑软件工程设计思想，又考虑体育教学设计原则以及教学支撑环境的开发模式(图 6-2) 。

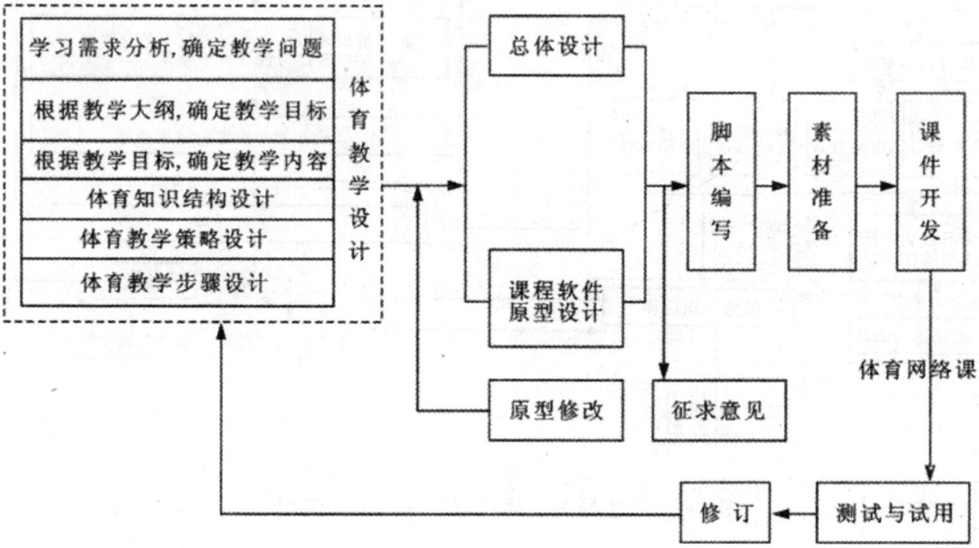

图 6-2　体育网络课程开发流程

从开发流程中我们可以看出，在开发过程中运用模块化的设计思想将体育教学论网络课程建设的各个部分进行划分，形成了一个稳定的开发过程和框架结构。

四、体育网络课程支撑环境设计及工程搭配

（一）体育教学论网络课程支撑环境的整体设计

体育网络课程支撑环境是指支持体育网络教学的软件工具、教学资源以及在

网络教学平台上实施的教学活动。课程开发过程中要遵循的所有原则，都应该在这里得到充分体现。因此，体育网络课程教学支撑环境的设计是体育网络课程开发的一个最重要环节。一个完整的体育教学支撑环境的设计应该由体育课程管理子系统、作业管理子系统、试题管理子系统、讨论答疑子系统以及功能设计五个子系统组成。结合《现代远程教育资源建设技术规范》中关于现代远程教育资源系统体系结构图，我们提出了体育网络课程教学支撑环境结构图（图 6-3）。

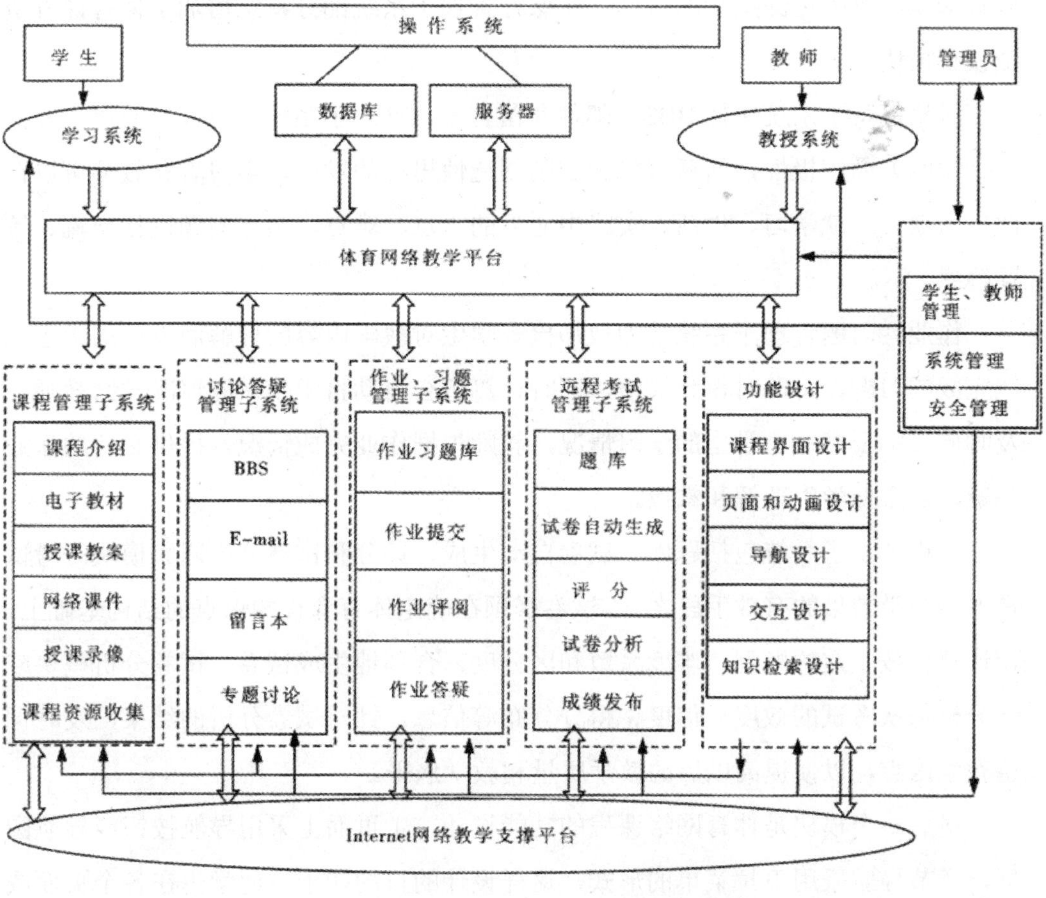

图 6-3　体育网络课程教学支撑环境结构

在这 5 个子系统中，课程管理子系统是核心，其他的子系统服务于课程管理子系统。在具体的设计过程中要考虑简洁实用、灵活、易扩充，要突出网络课程的优势，要将学生自主学习与教师有效指导结合起来。

(二) 体育教学论网络支撑环境中的功能搭配

体育课程管理子系统包括课程介绍、电子教材、网络课件、授课教案、授课录像、课程资源收集 6 个部分。课程管理子系统是体育网络课程的主体部分。课程的内容要以知识的逻辑关系(如教学章节) 或认知规律为线索构建知识系统，要以学生为主体进行优化配置。为了让学习者扩充自己的知识，了解到更多的相关体育知识，进入更深层次的研究，在课程管理子系统部分特意增加了体育课程资源收集模块。

讨论答疑子系统包括 BBS、邮件和留言本，这一子系统的设计目的在于发挥教、学两方面积极性，活跃气氛和鼓励创造性思维的发展，学习者和教师可以在此畅所欲言，就学习、生活、实践中遇见的重点、难点、热点问题进行交流、答疑解惑。

作业、习题管理子系统是为教师检查学生对教学内容的理解而设计的学生在线完成的习题，可即时得到成绩，同时计算机会自动将学生做题情况发给教师，及时向教师反馈每个学生的学习情况，教师根据作业完成情况，提供必要的作业答疑，以方便学生理解和掌握。

远程考试子系统包括题库、试卷自动生成、评分和试卷分析四大模块。考试是考察教学效果的有效手段之一。试卷必须在确定体育课程知识点的结构基础上，让计算机按一定的题型、难度系数和区分度，合理地生成试卷。试卷分析模块应该分析每次考试的效度、信度、得分分布等信息，针对试卷分析的结果，及时调整教学内容，以便提高以后的教学质量和教学水平。

最后一个模块是体育网络课程的功能设计，主页面上采用导航按钮或导航图标，章节导航采用下拉菜单的形式，这样设计的目的在于方便学生在各个页面或各个知识点之间实现跳转。由于体育网络课程的特殊性，在这一模块中增加了动画设计，教师可以把体育运动技能的动作用动画的形式进行分解，采用慢放、回放等形式，方便学生掌握运动技术。

第三节　网络课程的质量管理

借鉴企业界的管理理论来指导当前体育网络课程的开发，首先需要我们了解当前企业界有哪些质量管理理念，然后需要我们了解哪些质量管理理念能更好地指导体育网络课程质量管理体系的建立。

一、质量管理理论发展的历程

（一）质量管理理论发展的历程

1．质量检验阶段(20 世纪 20—40 年代)

20 世纪 20 年代以前，产品的生产主要依靠生产者的手艺与经验把关产品的质量。即在生产过程中，产品的生产和检验都集中在工人身上。工人既制造产品，也负责检验产品质量。19 世纪末，美国工程师泰勒，提出了“科学管理”理论，认为企业所有的管理问题都可以用科学的方法解决，主张把管理经验上升到管理理论，变为科学，实行科学管理。并首次提出了将质量检验作为一种专门工序，从生产过程中分离出来。

2．统计质量控制阶段(20 世纪 40—50 年代)

由于在 20 世纪 40—50 年代，质量管理强调“用数据说话”，强调应用统计方法进行科学管理，故称质量管理的第二个发展阶段为统计质量管理，简称 SQC(Statistical Quality Control) 。统计质量控制阶段的主要特点是，应用数理统计技术与原理，把单纯的产品检验提高到了对生产过程的控制，预防不合格品的产生并检验产品的质量。质量管理工作也由专职检验人员转移到专业的质量控制工程师和技术人员。统计质量管理主要是运用数理统计方法，从产品质量波动中找出规律，消除产生波动的异常原因，使生产过程的每一环节都控制在正常状态下，从而保证最经济地生产出符合用户要求的合格产品。

3．全面质量管理阶段(20 世纪 60 年代－至今)

20 世纪 60 年代以来，社会生产力迅速发展，产品更新换代加速，人们对产品质量和质量管理方面的要求和期望都发生了新的变化。对产品的质量由注重产品的一般性能的同时，增加了对产品可靠性、安全性、经济性等方面的要求；管理科学理论也突出了重视人、重视“参与管理”的因素。企业开始应用系统分析方法来分析产品的质量和质量管理。这些情况，都要求在原有的统计质量控制上有新的发展，突破原有的统计质量控制概念，除了运用统计方法外，还结合其他组织管理工作、技术和手段，实施综合的质量管理。基于这样的历史背景和经济发展的客观要求，美国通用电器公司(GE) 质量总经理费根堡姆(A. V. Feigenbaum)和著名的质量管理专家朱兰(J. M. Juran) 等人在 20 世纪 60 年代先后提出了“全面质量管理”的概念。全面质量管理更适应现代化大生产对质量管理整体性、综合性、系统性的客观要求，从局部性管理进一步走向全面性、全过程性、全员性的管理。各阶段质量管理比较 (表 6-1) 。

表 6-1　各阶段质量管理理论的比较

对比阶段 / 对比项目	质量检验	统计质量控制	全面质量管理
管理职能	检验	控制	管理
管理范围	生产现场	从生产现场发展到设计过程	产品质量形成的全过程
管理方式手段	按技术标准检验，事后把关	监控生产过程，重在预防，运用数理统计方法	预防与检验结合，重在管理影响产品质量的各项因素
管理参与	少数技术检验员	技术部门与检验员	企业全体人员
管理对象	只限于产品质量	产品质量和工序质量	包括全部质量

综观这三种质量管理理论，我们发现，检验质量管理以事后检验为主，它只能在事后被动地进行检验，对不合格产品的产生缺乏控制手段。再者，管理责任不明确，检查与质量控制能查出有缺陷的产品，却不是保证工人能关心质量问题的方法。

统计质量管理克服了单纯依靠质量检验事后把关，发展到了工序的管理，突出了质量的预防性控制与事后检验相结合的管理方式。但是，由于这个阶段过分强调质量控制的数理统计方法的作用，忽视了组织管理工作，且现代化大规模生产十分复杂，影响产品质量的因素是多种多样的，单纯依靠统计方法不可能解决一切质量管理问题。全面质量管理认为解决质量管理问题仅靠检验和统计控制方法是不够的，解决质量管理问题还必须有一整套的组织管理工作，解决质量问题不限于产品的制造过程，应该在整个产品生产、形成、实现的全过程中都实施质量管理，质量的职能应由全体人员负责，更加重视管理中人的因素。这三种质量管理理论虽然能在一定程度上有效地实现企业管理，但都是一种比较笼统的管理思想，导致了实施过程不能具体化等缺点，难以形成具有共识的世界语言。20 世纪 80 年代后期，国际标准化组织，在 TQM 的基础上，提出了 ISO9000 系列标准。

(二) ISO9000 标准的简介

ISO 是国际标准化组织，它创立于 1946 年 10 月 14 日至 26 日，由中国、日本、英国、美国、法国等 25 个国家的代表集合于英国伦敦，通过了建立国际标准化组织的建议，1947 年 2 月 23 日 ISO 章程得到了 15 个国家的认可，ISO 组织宣告正式成立。1970 年，ISO 成立了认证委员会，负责制定 ISO 质量认证的标准和规则，1979 年 ISO 成立了质量管理和质量保证技术委员会(TC176) ，负责制定质量管理和质量保证标准。1987 年 3 月 ISO 正式发布了 ISO9000 质量管理和质量保证系列国际标准(第一版) 。由于第一版 ISO9000 族标准主要适用于工业制造领域，不能适应其他各行业，尤其是服务业的质量管理要求，同时对质量体系的一些要素要进行具体补充和细化。国际标准化组织/质量管理和质量保证技术委员会(ISO/TC176) 于 1990 年在总体结构和技术内容上对标准进行全新修改，从而形成 2000 版 ISO9000 族标准。2000 年 12 月 15 日，ISO/TC176 正式发布了新版本的 ISO9000 族标准，统称为 2000 版 ISO9000 族标准。

1987 版 ISO9000 族标准发布后，我国在原国家标准局部署下成立了相应机构，

1988 年决定等效采用。1992 年 10 月发布了 GB/Tl9000 系列标准，并“等同采用 ISO9000 系列标准”。1994 年 ISO 发布了修订后的 ISO9000 族标准后，我国及时将其等同转化为国家标准。为更好地发挥 ISO9000 族标准的作用，使其具有更好的适用性和可操作性。2000 年 12 月 28 日国家质量技术监督局正式发布 GB/Tl9000 族中国国家标准。现在我国对口 ISO/TCl76 的是全国质量管理和质量保证标准化技术委员会(CSBTS/TCl51)，它是 ISO 的正式成员，承担着将 ISO9000 族标准转化为我国国家标准的任务。

(三) ISO9000 族标准的特点

1．通用性

ISO9000：2000 标准中的条款指出：“本标准规定的所有要求是通用的，只在于各种类型、不同规模和提供不同产品的组织。”与 1994 版标准相比，无论在结构上，还是在内容上消除了行业的偏向性，并允许在 ISO9001 标准的基础上增加行业的特殊条款，从而适应各行各业。新版标准使用了过程导向的模式，将过程方法用于质量管理，将顾客和其他相关方的需要作为组织的输入，再对顾客和其他相关方的满意程度进行监控，以评价顾客或其相关方的要求是否得到满足。这种过程方法模式适用于各种组织的管理和运作。

2．可操作性

2000 版 ISO9001 标准在质量管理体系文件方面实现了两个重要的目的：建立了一种简单的文件格式，以适用于不同规模的组织；文件的数量和内容更加切合组织的过程活动所期望的结果。和 1994 版比较，2000 版程序文件或质量记录上，提出了紧密结合组织特征和管理实况，精简质量管理体系文件的数量，使组织可采用更灵活和有效的方式构造其质量管理体系，也使组织能以最少量的文件需求全面展示其对过程的有效策划、运行和控制，以及质量管理体系的有效性和支持改进的情况。提高其有效性和实用性，必然会使组织在质量管理体系的完善与运行上，具有更大的可操作性。

3．协调性

ISO9000：2000 版标准中 ISO 前言明确指出："与以前的版本相比，在质量管理方面，ISO9001 和 ISO9004 现在是一对协调的标准。ISO9001 旨在给出产品的质量保证并增强顾客满意，而 ISO9004 则通过使用更广泛的质量管理的观点，提供业绩改进的指南。"这两项标准具有不同的范围和目的，但却有相似的结构，成为一对相互协调的标准，可为组织提供先按 ISO9001 建立一个符合基本要求的质量管理体系，在此基础上实施 ISO9004 的方式，以改进组织的商品化业绩。

二、体育网络课程开发引入 ISO9000 族标准的合理性分析

（一）体育网络课程开发引入 ISO9000 族质量管理体系的必要性分析

1．有必要引入 ISO9000 标准，克服体育网络课程开发中主观性、随意性过大的缺点

体育网络课程是体育网络教学赖以生存的基础。现行的体育网络课程开发，主要是依靠三方软件平台，依靠几个教师和几本体育教材，实现教材教案电子化，正如本章前面所说的，其实就是教材教案"网上搬家"。作为学校购买的三方软件，针对的是学校所有的网络课程。单从体育网络课程开发的规范化上来看，首先，学校没有针对体育网络课程开发具体细节的规定；再者，在开发的职责职能、流程管理、资源的统一调配以及如何进行测量分析方面，达到持续改进这一系列的质量管理的方法全部单纯地依靠课程申报教师负责，学校只是到课程开发最后，进行评审。由于学校在职责职能、流程管理、资源的统一调配以及如何进行测量、分析与持续改进这一系列的质量管理的方法不能及时地实施相关的控制与管理手段，这就导致负责课程开发的教师形成开发网络课程就是制作网页的简单概念，开发过程中表现出急功近利，主观性、随意性过大等现象的出现。基于此，体育网络课程的开发及其质量管理，急需从学校层面人手，运用科学的手段、方法和技术，实现统一管理。

2．有必要引入 ISO9000 标准，更新体育网络课程质量管理方法

上面我们说到，学校在课程开发的质量管理上，主要采用的办法就是单纯地依靠学校最后的终结性评审。而学校采用的这种终结性评审，完全是一种事后的质量把关。如果开发实现的全过程中质量得不到及时预防和控制，即使评审的课程是不合格，也是“既成事实”，造成的损失也难以挽回。从质量管理发展的历程上，我们也可以看到，这种事后终结性评审，也是质量管理最原始的一种方法，当然，我们这里不是否认这种方法一定不行，只是说这种方法，不应该是整个体育网络课程质量管理的唯一方法。对体育网络课程质量的管理，应该重过程管理，才不至于造成“既成事实”。因此，学校应该运用现代科学的管理方法和技术，加强体育网络课程质量管理。

3．有必要引入 ISO9000 标准，强化体育网络课程开发质量措施与质量目标

良好的质量措施，明确的质量目标是保证体育网络课程质量的根本。体育网络课程的开发，应从学校层面统筹规划，应该从职责职能、资源、项目开发到应用，都必须分配任务，落实责任层层把关。从课程的本身来看，应使影响课程质量的全部因素在生产全过程中始终处于受控状态。也就是说，应该把影响网络课程开发形成的基础层面的因素如课程、教材、教师、教学资源以及制约体育网络教学质量持续提高过程的层面因素都纳入质量管理，有必要使开发者从新的视角去审视和深化对体育网络课程开发的认识，实现体育网络课程的质量目标。

（二）体育网络课程开发引入 ISO9000 族标准的可行性分析

1．国内外教育领域引用 ISO9000 族质量管理理论已成为一种趋势

在美国 1992 年就有 220 所高等院校采用该标准，其中包括哈佛等名校，北美洲、欧洲和亚洲分别有 139 所、263 所和 123 所教育机构通过了国际认证。1998 年，美国宾夕法尼亚州的兰开斯特学区的 19 所公立学校统一按照 ISO9000 系列标准建立并实施教育质量管理体系。在我国，自 1996 年青岛远洋船员学院率先在我国成人高校通过标准认证起，到 2000 年 10 月 31 日止，有 5 家教育机构通过

ISO9000 标准的认证；到 2003 年 6 月 30 日止，有 105 家教育机构通过认证；到 2003 年 12 月 31 日止，共有 173 家教育机构通过了 ISO9000 标准的认证，且呈加速增长的趋势。

在网络教育方面，2000 年 4 月 10 日，由《中国远程教育》杂志社和北京大学医学网络教育学院共同主办的第二次“中国远程教育学术圆桌”在北京大学医学部会议中心举行，研讨主题是：“远程教育 ISO9000 认证的启示——理论与实践的对话”。在研讨会上，与会代表以北京大学医学网络教育学院的实践探索为实例，探讨了导入 ISO9000 质量管理体系对加强远程教育管理，保证远程教育质量的启示。

2. 从服务的质量来看，体育网络课程开发引入 ISO 质量管理理念是可行的

2000 年国际标准化组织在术语标准(ISO8402) 中提出服务是“为满足顾客的需求，供方和顾客之间接触的活动以及供方内部活动所产生的结果”。也就是说，ISO 质量管理理念本身就包含了满足顾客需求的服务质量管理理念。从这个属性上看，体育网络课程是依据学校课程的特色而开发，课程服务的对象主要是学生，其目的主要也是满足学生的需要。服务的属性反映体育网络课程的现实需要，必然要求在开发过程中注重满足学生及其相关方需要的服务，在满足服务中得到社会的认可和支持，为体育网络课程创造生存和发展的条件。

3. 从对体育网络课程项目开发的管理上看，引入 ISO 质量管理理念可行性

ISO9000 族标准有一套完整的质量体系文件要求，对质量进行全过程控制，保证产品质量达到标准要求。该标准包括质量管理所需要的组织结构、程序、过程和资源等要素，与教学质量管理体系的组织结构、保证与监控程序、教学实施过程和教师、学生等人力资源、教学条件、环境等社会资源与自然资源诸要素等同。

三、借鉴 ISO9000 族标准构建体育网络课程质量管理体系的优越性

ISO9000 族质量管理标准是凝聚世界各国管理思想的精华，融入现代质量管理原则的科学管理模式。它的作用旨在帮助学校以学生为关注焦点，理解和掌握

学生的需要与期望，并对体育网络课程实现全过程系统的实施控制，通过测量、分析与持续改进，使学校能够持续地提供满足学生的课程。当然，在体系建立前，它通过建立严密的文件体系和系统管理，实施质量管理行为，对建立一个科学、合理的组织机构，协调学校各部门、综合应用管理技术、专业知识进行系统的管理，并用文件的形式明确体育网络课程管理活动，强化过程管理以及开展管理活动的程序，由谁来做、谁检查，做完之后怎么样记录，如何分析和评价，如何进一步提高课程的质量等。对课程开发的过程实现精细化管理，从而使课程质量的衡量有严格的标准，使开发的程序有章可循，更制度化，对克服开发的主观性、随意性，克服质量措施的缺陷、质量目标的混乱，对保证体育网络课程质量管理在规范、优化、高效的状态下都有积极的作用。

四、体育网络课程引入ISO9000质量管理理论的权变分析

(1) 体育网络课程开发引入 ISO9000 质量管理体系之前，学校有必要通过宣传、培训等手段帮助全体教职员工了解 ISO9000 质量管理体系的理念实质，特别要深刻理解该质量管理体系的八大质量管理原则以及相应的文件体系和操作程序或技巧。最高管理者应在体系中发挥首脑作用，总揽大局，调动教职员工的积极性，培养一批懂得质量管理体系运行的管理者代表。

(2) 体育网络课程引入 ISO9000 标准建立质量管理体系，不是为了去进行认证，也就是说，体育网络课程质量管理体系不是“外部推动”，而是一种“内驱动”。因此，学校应该借鉴 ISO9000 标准的精髓，引入质量管理体系中最适用于体育网络课程质量管理的要素条目，摒弃不适用于体育网络课程质量管理的要素条目 (ISO9001：2000 版标准指出：“当本标准的任何要求因组织及其产品的特点不适用时，可以考虑对其删除。”) 来建立符合体育网络课程自身需要和特点的质量管理体系。

(3) 学校应该认清内外部环境，了解学校在体育网络课程质量管理中的组织结构、资源，以及在课程开发中面临的一些问题，分析其质量问题，从而参照质

量管理体系标准，结合自己的现状、资源条件做相应的思考和权衡。

(4) 学校需要对情势进行分析，针对体育网络课程质量管理体系建立过程中的症结，对症下药。我们知道，质量管理就是确定质量方针、目标和职责并在质量体系中通过诸如质量策划、质量控制和质量改进使其实施的全部管理职能实现的所有活动。因此，在对上述各环节恰当处理的基础上，针对质量管理体系的问题，学校必须从管理理念到管理行为上采取最合适的切入点，以保证质量管理体系目标的达成。

五、目前体育网络课程的质量观与质量管理模式

(一) 体育网络课程质量观

1. 以学生为本的质量观

长期以来，学校强调体育学科知识传承的需要，把学生视为书本知识的接收者，接受学习是其课程规定的基本存在方式。如果体育网络课程还是如此，那么把体育网络课程作为现代体育教学中一种值得推广的、新型的课程形式就值得怀疑了。体育网络课程坚持“学生本位”的质量观，就是要解决上述存在的问题。“以学生为本”的质量观是体育网络课程的价值取向。对体育网络课程而言，学生本位质量观在课程的设置与课程内容的选择和设计上，主要表现为课程内容丰富，教师和学生有选择范围，课程内容和教学方式具有趣味性。在教学上，从学生的角度出发，重视学生主体地位，尤其重视学生的个体差异和学习需求，最大限度地使体育网络课程满足学生个性化学习的要求。

2. 特色化的质量观

体育网络课程是高校网络教育的组成部分，肩负着培养体育人才的重任，它必须满足学生不断变化的明确的和隐含的需求，在课程目标、评价标准、教学设计等方面都应突出应有的特色，强调实践性、技能性，目标定位在能力的培养、实践性培养上。同时我们应将培养创新能力作为体育网络课程的基本指向，使学

生树立创新意识、学会创新思维、具备创新能力，成为高素质人才。

3．可持续发展的质量观

高校体育网络课程出现开发各自为战，教师盲目开发，学生用之寥寥，课程开发流于形式等不良现象，亟待我们本着可持续发展的观念，用科学的理论，发展的办法，科学规划、精心组织，协同解决，才能带动体育网络课程开发的进一步发展，最终实现体育网络课程的可持续发展。可持续发展是体育网络课程不断完善与发展的动力所在，其质量也只有在发展中才能得到体现。

（二）体育网络课程质量管理模式

参照ISO9000标准的质量管理模式，将体育网络课程质量管理全过程划分为P(Plan)、D(Do)、C(Check)、A(Action)四个阶段（图6-4）。

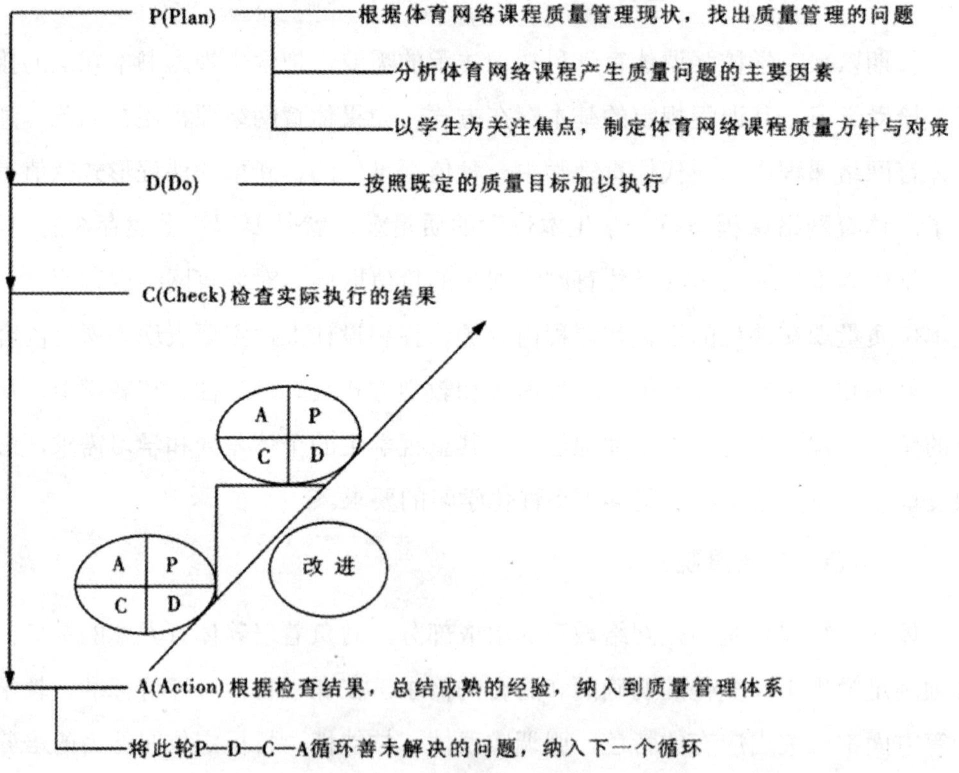

图6-4　PDCA循环图

P(Plan)——计划：从体育网络课程质量管理的现状，找出其质量管理的问题，分析其产生的原因，并以学生为关注的焦点，制定体育网络课程质量管理的质量方针与目标；

D(Do) ——实施：按照既定的质量方针与目标，实实在在地去执行，并努力实现目标；

C(Check) ——检查：根据体育网络课程管理的质量方针、目标和体育人才培养要求，向学生承诺体育网络课程的服务功能，对课程的开发过程和质量进行监测和考核，并反馈给学校和各相关部门；检查计划执行情况，既掌握计划进度、检查效果，又从中找出问题；

A(Action) ——处置：采取措施，以持续改进体育网络课程的质量。总结经验教训，把成功的经验纳入有关的标准、规范、制度中去。提出这次循环尚没有解决的问题，作为遗留转入下一次循环去解决。

总之，PDCA 循环按四个阶段，螺旋上升，每一次循环都将在原有基础上有所提高，这种环环相扣、相互作用、相互保证，正好反映了体育网络课程质量管理的完整过程。

第七章　体育教学的安全防护

第一节　体育安全防护的基本问题分析

一、学校体育安全教育的重要性和必要性

青少年是祖国的明天，是未来社会的建设者，是每个家庭的希望。任何一位热爱祖国、关心民族前途的人，都应当关怀他们，关注他们的安全和健康。作为青少年主要活动场所的学校，更应当以高度的责任心和爱心，切实地对每个孩子和每个家庭负起责任，确保每个学生都能高高兴兴地走进校园、平平安安地离开校园，为孩子们的学习和生活创造一个安全的空间。目前，随着自然环境和社会环境的变化，由各类原因导致的校园伤害事故逐渐引起社会的高度关注，与学校体育有关的伤害事故也日益增多，社会影响日益增强，与此有关的纠纷也随之出现，这不仅给学生的身心健康造成一定的影响，而且使学校体育教学与改革工作也陷入一定的困境。

目前，有些学校领导错误地吸取了一些体育伤害事故的教训，采取了因噎废食的做法，取消了单杠、双杠、支撑跳跃、跨栏、长跑等有一定危险性的好的教学内容。众所周知，在篮、排、足等球类项目教学中，相撞、摔倒、擦伤、扭伤是在所难免的，甚至上肢骨折、下肢骨折的事也有可能发生。因此，球类教材的命运也就岌岌可危了。如此下去，在健美操、武术等项目教学中，崴脚、扭腰的事也时有发生，这些教材是不是也要取消呢？这样下去，体育课就只能是跳跳绳、做做操了，不可否认安全式体育教学的基本前提，但安全不是靠消极的躲避得来的。现在的消极安全，孕育着未来的巨大危险；现在敢于面对危险，克服它，战胜它，就能为未来的长久，安全奠定坚实的基础。因此，我们必须认真地思考安

全问题背后的东西．正确对待体育教学中的安全问题和安全教育。

学校体育是学校教育的重要组成部分，它肩负着为社会培养全面发展人才的神圣使命，它的基本任务就是增进学生身心健康、增强体质。那么，保证学生的人身安全就成了体育教学的首要条件，也是每一位体育教师义不容辞的责任。众所周知，体育是由角力活动、非正常体位活动、剧烈身体活动、器械活动、野外活动、极限探险运动等构成，因此体育运动是一种与危险同在的文化活动。体育教学中学生作为初学者，危险的因素就更多一层，因此体育教学既是确保安全的难点，又是进行安全教育的重点。因而，加强对学生的安全教育、落实防范措施、消除不安全隐患是学校和体育教师的重要职责。

二、学校体育安全事故的原因分析

学校体育伤害事故是指在学校从事体育课、课外体育活动和体育比赛时发生的人身伤害。导致学生体育伤害事故的原因比较复杂，集中体现在以下三个方面：

（一）学校的原因

1．学校的管理制度不完善

学校对于学生每天使用的体育场地、器材、设备没有定期检查、保养、修理和更换的制度，造成任课教师人人懒得管，人人都管不好的局面，导致器材设施存在严重的安全隐患。学校室外的体育器材，如单杠、双杠、爬杆、爬绳等，受日晒雨淋，时间久就会生锈、腐烂。学生在活动时器材一旦发生破损、断裂，就会使学生受伤。运动场地的不平整，有凹凸或者有杂物，跑道太硬或太滑，沙坑太硬或有小石头以及踏跳板与地面不齐平等都会成为引起伤害事故的导火索。场地、器材的定人、定时负责检查，可以避免很多潜在危险事故的发生。

2．学校的经费投入不足

学校体育设施、设备的陈旧、老化由于没有充足的经费而不能进行及时的更新替换，教师只能利用现有的条件进行体育教学，极易导致学生伤害事故的发生。

例如，生锈发涩的跨栏架绊倒学生．导致学生受伤；凹凸不平的海绵垫使学生扭伤脚踝等。

（二）学生自身的原因

1．学生缺乏安全运动的知识和技能

学生在睡眠不足或休息不好、患病带伤或伤病初愈阶段以及身体疲劳时参加剧烈运动，生理功能和运动能力都会下降，会因肌肉力量较弱、反应迟钝、身体协调性差等导致伤害事故。此外，很多学生没有吃早餐的习惯，饿着肚子上课，这也是伤害事故发生的重要因素之一。

2．学生缺乏一定的自我约束能力

在比赛中不遵守规则、动作粗野；在练习中打闹嬉戏；冒险做出超过自己能力的技术动作等，这些行为都是造成别人或自己受伤的原因。

（三）教师的原因

1．教师缺乏足够的爱心和责任心

教师对学生安全的无微不至的关怀和周密细致的工作，是来自于他们对学生的热爱，只有热爱学生才有真正的责任心(而不是“逃避责任的心”），只要教师有了责任心，才会有周密的安全对策，学生的安全才有最基本的保证。

2．教师缺乏过硬的业务能力

要保证学生的安全，光有爱心和责任心是不够的，教师还要有丰富的专业知识和高超的安全保护技能。这种技能包括：对场地和器材进行安全布置的技能、对运动器材进行检查和保养的技能、对学生的身体和技能状况进行准确判断的技能、把握教材的难易度与进行教材安全化处理的技能、对各种危险进行准确预测的技能、对各种动作练习进行安全保护的技能、利用学生群体进行相互安全保护的技能、对紧急伤害事故进行正确的初步处置的技能等等。如果缺乏这些业务能力，伤害事故就会如影随形，随时都有可能发生。

3．教师缺乏对伤害事故的预见能力

体育教学中有的危险是不可预测的或是人力不可抗拒的，如在上体育课时突然发生了地震、发生了无法躲避的雷击等。除此之外的大部分危险，体育教师都可以凭借经验预见到．并加以有效的预防。对于在前一种情况下造成的伤害事故．法律是不会追究学校和体育教师的责任的；而对大部分可以预防而教师没有去预防造成的伤害事故法律就一定会追究学校和教师的责任。因此，体育教师对潜在危险没有一定的预见性也是导致体育伤害事故发生的因素之一。

三、学校体育伤害事故的消极影响

学校体育伤害事故的频繁发生，不仅严重影响了学生的健康成长，同时也给学校、家庭带来了巨大的危害，对社会造成了不利影响。目前，由学校体育伤害事故而引发的矛盾日趋尖锐，主要体现在以下三个方面：

(1) 全面树立“健康第一”教育思想与有效地预防和控制学生体育伤害事故发生之间的矛盾。校园体育伤害事故的频繁发生，不仅给家庭造成了无法弥补的伤害，也为学校工作带来了不可避免的难题。推进素质教育，培养德、智、体、美等全面发展的社会主义建设者和接班人，是各类学校的神圣使命。但是，为了避免发生学生体育伤害事故和承担责任，有的学校减少甚至取消了学生课外体育活动，乃至体育教学中的一些必修内容，有的学校寒暑假期间为了不让学生进校运动而封闭学校大门。学校这种因噎废食的自我保护法，与现在大力提倡的“健康第一”教育思想是背道而驰的，影响了学校正常教育教学活动的开展和素质教育的实施，客观上阻碍了学生的全面发展。

(2) 学校应尽的安全保护职责与学校目前实际能力和状况之间的矛盾。学生步入学校后，学校理所当然要对学生尽到安全保护职责。家长和社会也都认为学校应当对在校学生的运动安全负责，体育教师也应当对课堂上每一位学生的人身安全负责。而对学校而言，无论是在基础设施建设方面，还是在学校管理制度、教师责任心等方面都存在一定的问题，需要进一步强化学校各项体育安全管理制度和措施，

增强体育教师的安全意识和责任意识，担负起社会赋予学校的基本职责。

(3) 学校体育伤害事故引起的日益增高的赔偿金与学校、教师赔偿能力有限之间的矛盾。现在的在校学生大多数是独生子女，是长辈们的掌上明珠，也是每个家庭的希望。学生一旦在学校进行体育运动时受伤，无论孰是孰非，也无论受伤轻重，家长往往会提出过高的赔偿要求，由此而产生的经济与法律纠纷也日益增加。学校属事业单位，非营利机构，其赔偿经费缺乏；教师的收入也很微薄，赔偿能力也十分有限，很难满足受伤学生家长的要求。

这种情况不但影响了学校正常的教学秩序，也给体育教师带来沉重的工作压力与心理负担．尤其是给学生与家长造成很大的生理和精神伤害，甚至产生不良的社会影响，破坏了社会的和谐与稳定。

四、有关学校体育安全教育的研究现状

随着学校体育伤害事故发生频率的增加，随着学生家长法律维权意识的增强，学校体育伤害事件越来越受到各类媒体的关注，其社会影响力也越来越大，学校体育中的安全问题日益成为一线教师、体育工作者等专业人士研究的对象。纵观近几年有关学校体育安全教育的研究表明，目前我国各类学校关于体育安全教育是一个比较薄弱的环节，研究者对改进和完善学校体育安全教育方面提出了一系列的意见和建议，总结起来主要集中在以下几个方面：

(一) 针对学生的体育安全教育

体育安全教育要伴随着学校教育的全过程，体育活动存在较多的潜在危险。因此，学校和体育教师必须教育学生在思想上有清楚的认识，要明确预防伤害事故的重要性，不断提高体育安全意识以及对运动危险的预见能力。同时，体育运动安全知识和常识以及运动创伤和紧急情况下的简易处理方法也是每一位学生必须掌握和了解的，无论是体育课上，还是课外体育活动，甚至是在校外，这些知识和方法都可以帮助学生有效地避免伤害的发生。体育教学中的安全，则要靠师生共同来维护。因此，除教师外，学生也必须掌握一些基本的安全要领与技能，

要使保证安全成为每一个学生的自觉行动，要让学生在遇到危险时，能够运用所学的安全要领帮助自己和他人规避危险。

（二）针对体育教师的安全教学管理

在体育教学和训练中，学生发生的大部分伤害事故，体育教师都有不可推卸的责任。因此，加强体育教师的安全教学的能力显得十分重要。首先，要求体育教师明确国家和地方关于学校体育活动安全方面的规定，在文件精神的指导下进行相关的教学和训练工作；其次，提高体育教师的安全意识和危险预见能力，要求教师时刻将学生的安危放在首位，以高度的责任心上好每一堂课；最后，规范体育教师在课前、课中和课后的工作程序以及相应的任务和职责。体育教师作为体育教育的实施者和各种体育活动的策划、组织者，其专业水平的高低、组织管理的好坏、教法得当与否等因素是产生或避免体育伤害事故的直接因素。明确教师的安全工作程序可以为运动伤害的预防和控制提供坚实的基础。

（三）针对学校的体育安全制度建设

要想保证在校学生的体育安全，需要学校制订各种规章制度，如《体育课堂教学常规》《体育场地器材安全制度》《体育场馆使用制度》《游泳池使用制度》《学生体检制度》《紧急情况处理制度》等等，做到有章可循，有法可依。利用健全的制度和严谨的工作规程来确保学生的安全，减少意外事故的发生。

第二节　体育安全防护的内容

通过对大量学校体育伤害事故的分析，同时基于现有学校体育安全教育研究的基础，将学校体育安全教育的具体内容按以下几类加以阐述，以便广大一线体育教师有针对性地阅读和运用。

一、有关体育教学中的安全

体育教学是学校体育工作的关键环节，体育课是实现体育教学的最主要的形式，因此体育课的安全问题理所当然地成为学校和教师最关心的问题。从体育课的结构来看，体育课分准备部分、基本部分和结束部分三段。根据这三部分进行的安全措施和安全教育的具体内容有：

（一）准备部分的安全措施和安全教育

(1) 体育教师课前仔细检查上课所用器材和设施是否完好，排除运动场地的安全隐患。

(2) 体育教师课前正确摆放运动器材，对存在危险隐患的器材要派专人看管。

(3) 进入课堂常规部分时，教师要例行查看学生的穿着是否合适，提醒学生不要带任何有碍运动的杂物，询问有无生病和身体不适的学生，对课程有明显危险存在的项目(如铅球、标枪等)，教师一定要在课的开始阶段重点强调安全并要求学生严格遵守相关的具体要求，让学生对可能发生的伤害有所了解，提高他们的安全意识。

(4) 进入准备活动阶段，体育教师要根据气候条件、学生的心理和生理特点安排适宜的准备活动内容。例如，进行游戏内容，要合理安排场地，避免游戏形式混乱，教师应准确说明规则，进行中要有效控制学生的兴奋度以免伤害的发生。

（二）基本部分的安全措施和安全教育

1．合理安排教学内容

体育教师要根据学生的实际情况安排适当的课堂教学内容，避免出现超出学生能力以外的课堂教学内容和运动负荷。同时，要考虑不同教学内容前后安排的合理顺序，预防由体力不支引发的伤害事故。

2．科学选择教学方法

体育教师的教法要得当，示范要准确，讲解要清晰，引导学生准确地理解动作技术并正确地进行练习。

3．严格管理课堂纪律

体育教师要加强课堂组织纪律的管理，避免学生在课堂上的散漫行为，严禁相互打闹嬉戏、不听教师指挥、冒险做没学过的技术动作等等，做到防患于未然。

4．做好辅助保护措施

体育教师要在保护与帮助上下功夫，开动脑筋利用现有的或自制的辅助保护器具进行难度动作的学习和练习，尤其像器械体操此类教材更需要教师多动手动脑。与此同时，教师要教授每位学生保护与帮助的手法、站位与要领以及危险出现时自我保护的方法，加强学生自我保护意识。挑选责任心和能力较强的同学担当体育骨干，并充分发挥他们的作用，配合教师做好保护与帮助。

5．随时保持教学警惕性

体育教师在课堂上，要始终保持敏锐的观察力，时刻注意学生的身体和情绪状况，发现问题及时解决。例如，避免长跑运动中由于身体突然不适发生伤害，或对抗性项目比赛中由于情绪激动，兴奋度过高，对自己或他人造成伤害等等。

6. 合理使用体育器材

体育教师要合理摆放上课时所用的器材，避免过于密集，引起学生相互冲撞；避免方位不当，造成太阳耀眼；避免摆放不规范，导致学生受伤；避免危险器材随意放置，学生把玩引发的伤害事故等等。

（三）结束部分的安全措施和安全教育

1．适当放松练习

进入结束部分，教师要根据整堂课的运动负荷合理安排放松练习，要针对学生身心的疲劳程度选择合适的形式和内容。避免因体力不支或思想麻痹而导致伤害的发生。

2. 总结教育

对课堂上出现的有碍安全的违纪行为要给予严肃的批评指正，引起起学生的重视；对出现的危险情况，教师要加以分析，引以为戒，避免重蹈覆辙。

3. 妥善结课

课后，教师要妥善、及时地安排送还运动器材，杜绝学生在没有教师看管的情况下，擅自使用运动器材进行练习，防止意外的发生。

二、有关体育场地、器材的安全

根据我国大部分学校的实际情况，本书将球类、田径和体操的场地和器材的安全问题作为重点，从学校、教师和学生三个角度对保证体育教学安全进行阐述。

（一）球类运动场地、器材的安全措施和安全教育

目前，我国各类学校最常见的球类运动包括篮球、足球和排球，其次为乒乓球和羽毛球。北方部分学校也开展冰球运动。

1. 学校应尽的职责

定期派专人检查球类运动场地、器材。检查器材安装是否松动；器材零件是否陈旧老化；器材是否变形；塑胶场地是否有破损、隆起等现象。同时要及时解决存在的安全隐患，需要更换的要及时撤出活动场所或明示学生禁止使用。

2. 体育教师应尽的职责

课前体育教师例行检查上课所用球类场地、器材，确保安全后再进入教学环节，发现存在的安全隐患要及时向有关负责部门或负责人上报。课上教师要强调正确使用球具，如篮球、羽毛球拍等，禁止乱扔、乱砸、乱打；教育学生规范地使用球类器材，如篮球架、足球门框等，禁止乱攀、乱爬。教授学生自我保护的技巧，如躲避突如其来的球的技巧、合理避让与球门柱相撞的技巧等，以此提高学生自我保护的能力。

3．学生应尽的职责

课前，负责借送球具的值日生或体育骨干要尽到看管的义务，以防丢失和损坏；课上，要听从教师的组织和安排，以防混乱导致球具伤人；遵守纪律，不打闹嬉戏，不乱攀乱爬，看到有此类行为，要加以制止或报告教师，尤其是体育骨干要有力地协助教师维持好课堂纪律。发现任何安全问题及时解决或向教师汇报。

（二）田径运动场地、器材的安全措施和安全教育

田径运动几乎是我国所有中小学校体育教学必修的内容，田径场地和器材也是各类学校最常见的基本体育配套设施。田径运动包括的项目众多，场地、器材、设备比较复杂，学校最常用的场地有跑道、跳远用跳板和沙坑；最常用的器材有实心球、铅球、标枪、跨栏架、跳高架、跳高杆、跳高垫、接力棒等。

1．学校应尽的职责

由于田径场地是学生在校活动的主要场所，因此学校每天都应有专人定时检查田径场地内所有固定器材，包括其他运动器材的安全和使用状况，做好维护、修理、更换和采购等工作；检查和排除跑道上和沙坑中的杂物，及时修整场地；定期检查器材室内田径器材的磨损状况，及时修理和替换，杜绝“带病”器材进入课堂。

2．体育教师应尽的职责

课前体育教师例行检查上课所用田径场地、挑选可用的器材，如排除场地上的异物、平整沙坑、挑选平整有弹性的跳高垫、挑选完好没有破损的接力棒等等。课上体育教师要教会学生预见由于田径场地、器材可能引起的伤害，如翘起的跳远踏板、没有平整的沙坑、乱扔铅球和标枪、乱闯投掷区等可能引起的伤害，提高学生的安全警惕心。体育教师在进行铅球、标枪等投掷项目的教学时，一定要严格要求学生的课堂纪律，听从指挥，对违规的学生要严厉地批评教育，预防意外的发生。课后，体育教师要及时回收器材和设备，禁止学生在没有教师的情况下自行练习。

3. 学生应尽的职责

课前，负责借送田径器材的值日生或体育骨干要尽到看管的义务，不但要防止丢失和损坏，同时要阻止其他学生擅自拿取练习，尤其像铅球、标枪之类的投掷器材，更要严禁学生擅取把玩。课上，学生要听从教师的统一指挥和组织安排，不争抢器材、不乱闯投掷区等。课后，学生要配合教师安全回收器材，由专人送还器材室，不在没有教师的指导下私自进行练习。

(三) 体操场地、器材的安全措施和安全教育

在学校体育教学中，体操教材占有较大的比例，如广播体操、健美操、集体舞、器械体操、垫上运动等都属于体操的范畴。有一定安全隐患的是器械体操和垫上运动所用的器材，如单杠、双杠、跳箱、山羊、爬杆、武术、海绵垫等。

1. 学校应尽的职责

定期派专人检查所有体操器材的安全状况，发现问题及时修理、修补，甚至报废和更换。尤其是固定在室外的体操器械，如单杠、双杠等，更要保证其安装稳固、没有任何安全隐患，同时对学生在没有教师指导的情况下不允许运动的器械要有明确的文字或图片警示，避免学生课间玩耍时出现意外。

2. 体育教师应尽的职责

体育教师在课前，要例行检查所用体操器材，如跳板弹性是否正常、山羊脚是否平齐、海绵垫是否平整等，保证体育教学的安全进行。课上，体育教师首先合理摆放好体操器材，如技巧练习时各组海绵垫的位置与学生的站位要合理，避免拥挤和相撞；器械体操练习时，要合理有效地摆放保护垫，避免学生落下时崴脚或起不到应有的保护作用等。其次，体育教师要教育学生在进行器械练习或垫上练习时，不要嬉笑玩闹，以免由于注意力分散掉落器械或动作变形造成伤害。体操练习经常需要学生间的相互保护与帮助，教师应教授学生在保护与帮助中，学会预见和判断，并有效地避免因被保护学生的错误动作致使器械伤人的事故，如练习跳山羊的学生在急速助跑上板后冲撞山羊没有跳过，致使山羊向前倒下，

前方保护的学生要能预见并能正确地采取向侧躲开的方法，避免被山羊砸倒等，这类躲避技巧是需要教师在课上灌输给学生的，时刻提高学生的安全意识。课后，教师要及时回收器材，预防不必要伤害的发生。

3．学生应尽的职责

学生不在教师上课前和做准备活动前进行体操练习，尤其是器械动作的练习，以免受伤。值日生和体育骨干要严格按照教师的要求，认真摆放体操器材，并阻止其他学生课前利用器械进行活动。课上，每位同学都应严肃认真，保持紧张又活泼的课堂气氛，进行器械或垫上练习时一定要全神贯注，全力以赴。如果上课过程中，器械或保护垫位置有移动．要及时调整好，或报告教师处理。课后，值日生或体育骨干要协助教师及时地将体操器材送还器材室。

三、有关体育项目教学的安全

体育教学是教师的教和学生的学的统一活动。确保学生的安全是体育教学活动正常进行的基本条件，安全的维护需要教师和学生双方面的配合和努力。学校体育教学涉及很多运动教材，不同的运动项目具有各自的技术特点，任何教材教学活动的安全进行，都依赖于教师的教学水平，其中最基本是：① 适宜的教学方法；② 合理的组织形式；③ 及时的反馈和评价。当然，学生的积极配合也是保证体育教学活动正常进行，避免伤害事故发生的必不可少的条件。为了自己的安全，学生应做到：① 遵守纪律，听从指挥；② 认真听讲解、看示范；③ 刻苦练习，有疑必问。以下具体阐述一些学校常见体育项目的教学安全问题，教师和学生除了各自做到以上三点之外，根据不同的项目有其具体的要求。

（一）体操项目的安全措施与安全教育

体操，是目前各类学校体育教师最伤脑筋的教学内容。体操不同于其他运动项目，如篮球打的好坏不会直接导致学生受伤，而体操动作完成与否就可能是引发伤害事故的直接原因。体操的很多动作不是在器械上进行，就是要越过有一定高度的器械，具有较强危险性，大部分学生对体操都有种害怕的心理。因此，教师具备高水平的教学能力、学生具备有效的自我保护能力是进行体操教学的安全保障。

1．教师方面

(1) 要让学生了解各种体操器械的特性并能正确地利用这些特性进行练习。如了解踏跳板的弹性特点并能正确地掌握上板踏跳技术，就能避免因上板位置偏后，跳板弹性不足而造成第一腾空过低，不能越过而摔在马上。

(2) 针对不同的动作，要让学生了解可能会发生的危险，并教会学生不同的自我保护方法。如动作失败时抓牢器械不轻易松手以防从器械上摔下；落地时屈膝缓冲或顺势滚翻避免身体受伤等。

(3) 对于需要相互保护和帮助的动作技术，教师要让学生明确保护和帮助的手法、站位和要领，使学生以高度的责任心进行相互的保护和帮助。对于一些难度较大的新学动作，教师要亲自进行保护和帮助，或在确保学生能够独立完成保护和帮助的情况下交给学生操作，教师在旁指导。

(4) 教师要仔细观察学生，掌握学生的心理状态，以有效的方法克服学生的恐惧心理(如学生跳箱时，不敢过箱) ；制止学生的冒险心理(如模仿专业运动员的高难度动作) ；应对学生的好胜心理(如看别的同学都已完成，自己也急于求成) 。

2．学生方面

(1) 将每个动作的基本技术练扎实，适时、主动地与教师交流心得和体会，帮助自己稳步完善和提高动作质量，避免因基础不牢导致动作出错引起的伤害。

(2) 学生对于自己害怕的项目，要努力克服恐惧心理，相信保护和帮助自己的教师和同学，尽自己所能完成动作，切忌练习过程中犹豫不决造成伤害。

(3) 进行保护和帮助的学生，要以高度的责任心切实尽到保护同学安全完成动作的职责。

(二) 田径项目的安全措施与安全教育

田径，是其他运动项目的基础，是中小学校体育教学中占有比例最大的内容。因此，田径项目的教学安全也是广大一线体育教师比较关注的问题。田径运动包括的项目比较多，在一般学校中最常见的有长跑、短跑、跳高、跳远、铅球、铁饼等。相对于其他运动项目而言，田径项目对学生体能方面的要求比较高。因而要求体育教师在教学过程中要有一定的方法和技巧。

1．教师方面

(1) 上课前不仅要认真地备课，安排与学生身体和心理特点相符的教学内容，避免因为安排超出学生能力范围的练习而导致伤害的发生。

(2) 使学生了解一些所学所练的项目对患有某些疾病的人来说是不适合的，甚至是有生命危险的。如长跑运动对患有心脏病的学生是应该禁止的。

(3) 使学生了解一些所学所练的项目在进行中或进行后都可能有哪些体征，让学生学会识别哪些体征是正常的，哪些是不正常的，发现不正常的情况要及时报告老师。

(4) 体育教师要强调一些动作技术的安全要领，如短跑冲刺时摔倒的自我保护要领，跨越式跳高落地时的自我保护要领等，使学生具备必要的避免田径运动伤害的能力。

2．学生方面

(1) 无论是进行走、跑教材，还是跨、投、跳教材的教学，学生都应该遵守课堂纪律，听从指挥，避免纪律混乱造成跑动中相撞或不听指挥导致的器械伤人。

(2) 上课前，有病或身体不适的学生要向任课教师说明身体情况，以便教师对其安排相适宜的内容，减少不必要的伤害。尤其是教师安排长距离跑的项目时，更应该提前说明。

(3) 上课过程中，需要学生关注身体的随时变化，出现感觉异常和身体不适时要及时告诉教师，如长跑出现头晕恶心时、跳高或跳远崴脚后。

(三) 球类项目的安全措施与安全教育

球类项目属于同场竞技运动，包括隔网对抗和直接对抗两类，具有较强的竞争性，是学生喜爱的运动项目，尤其受到男生的青睐。球类项目的这种强的竞争性和男生争强好胜的心理特点，使球类项目的教学、训练和比赛具有一定的危险因素，尤其是直接对抗的足球、篮球项目。因此，保证学生在这些项目中运动安全是每一位体育教师应尽的职责。

1. 教师方面

(1) 安排比赛前，要重点强调规则，使每位学生以友谊第一，比赛第二的信念参加比赛，避免因争强斗气而出现违规或动作粗野导致伤害事故的发生。

(2) 在直接对抗的球类运动的教学过程中，教师要教会学生规避合理冲撞和躲避被球击中的技巧，减少意外伤害事故。

(3) 在直接对抗的球类比赛中，教师要仔细观察学生，有效控制学生的激动情绪，适时调节课堂教学比赛的紧张气氛，预防过激行为的出现。

2. 学生方面

(1) 在课上，不要用球具打闹玩笑，以免意外伤到他人。

(2) 在直接对抗的球类项目的练习和比赛中，要动作规范，遵守规则，避免造成自己和他人受伤。

四、有关特殊体质学生的运动安全

根据当前学生体质状况及基本运动能力变化特点，将其分为体质正常型和体质异常型两类。体质异常型的学生包括患有先天性疾病、一定程度的残障或体型过度肥胖或瘦弱者。

学校针对这些学生应该有详细的病史或健康方面的记录，对不能参加体育活动的学生安排相适宜的教学内容，对不可以参加体育活动的学生要将该生的具体情况通告其任课教师，让教师做到心中有数。

作为体育教师，在课前要仔细查看学生的健康档案，掌握本班学生的身体状况。学期开始的第一节课要提醒学生，患有心脏病、眩晕病、哮喘病等病症参加激烈的体育运动会有一定的危险，应向教师说明，以免发生意外。在教学过程中，体育教师对不能够从事体育活动的体质异常型学生如太胖或太瘦的学生，要控制好运动内容和运动强度，同时做好保护与帮助，以防发生伤害事故。

作为体质异常型学生，在入学时应如实向学校通告自己的病情、病史，或向学校提供真实有效的体检证明，以便学校进行合理的安排。在体育课上，如果感觉身体不适或感觉异常应及时向任课教师说明，以便体育教师及时采取有效措施，将伤害控制在最低的程度。

第三节　体育安全防护的主要方法

目前，我国教育行政机关、学校管理部门甚至家长对在校学生体育安全问题的关注是不够的，对学生伤害事故的安全防范教育基本上处于空白状态，学生的安全意识和自我防范能力较弱，安全知识匮乏。这是学校体育伤害事故不断发生的一个重要因素。因此，应完善学校的体育安全教育工作，将体育伤害事故防范教育列入正常的教育计划。

一、建立学生健康档案

首先，学校对入学新生应安排体检或要求其提供县级以上的体验报告，同时为学生在校期间建立健康档案，方便学校掌握所有在校学生的基本身体健康状况。针对一些不适合进行体育活动的患病学生，学校应有计划地安排合适的教学内容，以免在体育课上或课外活动中发生意外。其次，学校应要求家长定期为学生做体验，发现任何健康问题都要及时与学校进行沟通，以便记录在健康档案上，方便体育教师在安排体育活动时加以控制和调整。

二、开展体育安全宣传活动

学校体育安全教育不仅要充分发挥教师的主导作用，也要充分利用学生的主体地位，充分利用电视、广播、黑板报、宣传栏等形式，大力宣传体育运动安全方面的知识和常识，提高全体师生的体育安全意识，提高学生体育伤害事故自我防范能力，做到警钟长鸣、防患于未然，将体育伤害事故扼杀在萌芽状态。

三、举办德育报告会

学校可以邀请一些校外专家、学者或先进模范，举行关于加强组织观念、遵纪守法、团结协作，以及发扬集体主义优良传统等方面的专题报告会。以此提高学生的思想品质，培养良好的组织纪律性，增强个人的责任感，为减少和避免体育伤害事故的发生提供必要的条件。

四、举办体育安全讲座

学校要针对学生和家长不定期地举办体育安全讲座。邀请有经验的体育教师和保健医生进行讲授，并请家长提出建设性意见，要求学生写出心得体会。同时，学校也可以不定期地举行体育安全教育晚会，让学生自行编排有关体育安全方面的小品、相声、舞蹈等。举办讲座和开设专题晚会可以引导学生进行科学锻炼和动员家庭力量积极参与学校体育安全教育。

五、开展体育安全知识竞赛、演讲比赛和辩论会

经常开展全校、年级或班级性质的体育安全知识竞赛、演讲比赛和辩论会，可以提高学生的体育兴趣，拓宽知识面，又可以促进学生团结协作的精神，这种教育形式能够充分发挥学生的主观能动性，使学生的体育安全意识得到进一步加强。

六、阶段性体育安全预防管理

学校与家长双方积极配合，针对不同性别、年龄的学生进行课外、校外体育活动的管理，尤其是对假期从事的体育活动进行监护和管理，为学生提供课外、校外安全运动的指导以及出现意外的应急处理办法。提倡学生参加由家长或老师共同参与的体育活动小组，有计划、有组织地开展课外、校外体育活动。学校内的活动场所应保证在校学生优先使用，对校外开放的活动，要设专人管理，制订相应的管理办法，对社会闲杂人员进校活动．要加强管理，以防意外事故的发生。

参 考 文 献

[1] 威伦．有效教学决策[M]．李森，译.北京：教育科学出版社，2011．

[2] 于少勇，赵志明．基础体能训练[M]．北京：中国原子能出版社，2008．

[3] 马国顺．教学设计的智慧[M]．长春：吉林大学出版社，2010．

[4] 毛振明．体育教学论[M]．北京：高等教育出版社，2005．

[5] 王凤喜，赵春雷．新课程的课堂教学设计[M]．哈尔滨：哈尔滨地图出版社，2006．

[6] 王丽娟．教学设计[M]．海口：南海出版公司，2003．

[7] 王保成，王川．球类运动员体能训练理论与方法[M]．北京：北京体育大学出版社，2005．

[8] 邓树勋，王健，乔德才．运动生理学[M]．北京：高等教育出版社，2005．

[9] 冯炜权．运动训练生物化学[M]．北京：北京体育大学出版社，1998．

[10] 皮连生．教学设计——心理学的理论与技术[M]．北京：高等教育出版社，2000．

[11] 刘浩．竞技健美操体能学练理论与实践[M]．武汉：武汉大学出版社，2013．

[12] 吕新颖．简明运动生理学[M]．合肥：合肥工业大学出版社，2005．

[13] 闫琪．游泳专项体能训练[M]．北京：北京体育大学出版社，2010．

[14] 佟晓东，刘铁．体育教学设计与实践[M]．沈阳：东北大学出版社，2009．

[15] 张力为，毛志雄．运动心理学[M]．北京：高等教育出版社，2007．

[16] 张祖忻．教学设计——基本原理与方法[M]．上海：上海外语教育出版社，1992．

[17] 张钧，张蕴琨．运动营养学[M]．北京：高等教育出版社，2007．

[18] 张新．中学体育教学设计[M]．北京：科学出版社，2012．

[19] 张蕴琨，等．运动生物化学[M]．北京：高等教育出版社，2006．

[20] 李龙．教学过程设计[M]．呼和浩特：内蒙古人民出版社，2000．

[21] 杜俊娟．体育教学设计[M]．北京：北京体育大学出版社，2007．

[22] 杨海平，廖理连，等．实用体能训练指南[M]．广州：广东高等教育出版社，2013．

[23] 杨铁黎，赵立．体育教学设计与教案编写[M]．北京：北京体育大学出版社，2005．

[24] 杨雪芹，刘定一．体育教学设计[M]．桂林：广西师范大学出版社，2006．

[25] 沈剑威等.体适能基础理论[M]．北京：人民体育出版社，2008．

[26] 陈松娥．运动健身与合理营养[M]．长沙：湖南大学出版社，2007．

[27] 陈晓慧．教学设计[M]．北京：电子工业出版社，2005．

[28] 孟国荣，张华，等．基础体能训练方法解析[M]．哈尔滨：哈尔滨地图出版社，2008．

[29] 季浏．初中体育与健康新课程教学法[M]．北京：高等教育出版社，2003．

[30] 罗希光．体育教材教法[M]．北京：高等教育出版社，2001．

[31] 胡振浩，等．职业体能训练[M]．北京：高等教育出版社，2008．

[32] 钟启泉．新课程的理念与创新[M]．北京：高等教育出版社，2003．

[33] 章伟民．教学设计基础[M]．北京：电子工业出版社，1988．

[34] 谢利民．教学设计应用指导[M]．上海：华东师范大学出版社，2007．

[35] 鲍里奇．有效教学法[M]．易东平，译．南京：江苏教育出版社，2012．

[36] 蔡敏．教学设计从原理到操作[M]．沈阳：辽宁师范大学出版社，2006．